Guia da(o) dona(o) de casa moderna(o)

Consulte nosso catálogo completo e últimos lançamentos
em **www.editoracontexto.com.br**.

Adriana Teixeira

Guia da(o) dona(o) de casa moderna(o)

editoracontexto

Imagem de capa
Ilike/Shutterstock

Montagem de capa
Alba Mancini

Projeto gráfico e diagramação
Gustavo S. Vilas Boas

Revisão
Lourdes Rivera

Dados Internacionais de Catalogação na Publicação (CIP)
(Câmara Brasileira do Livro, SP, Brasil)

Teixeira, Adriana
Guia da(o) dona(o) de casa moderna(o) /
Adriana Teixeira. – São Paulo : Contexto, 2011.

Bibliografia
ISBN 978-85-7244-656-3

1. Arrumação de casa 2. Conselhos práticos, fórmulas, truques etc. 3. Economia doméstica 4. Organização 5. Tempo – Administração I. Título.

11-07963 CDD-640

Índices para catálogo sistemático:
1. Arrumação de casa : Economia doméstica 640
2. Organização da casa : Economia doméstica 640

2011

EDITORA CONTEXTO
Diretor editorial: *Jaime Pinsky*

Rua Dr. José Elias, 520 – Alto da Lapa
05083-030 – São Paulo – SP
PABX: (11) 3832 5838
contexto@editoracontexto.com.br
www.editoracontexto.com.br

Ao meu pai,
para sempre o meu lar

Sumário

Apresentação

Cresci ouvindo um ditado assim: "quem casa, quer casa". Eu não precisei casar para querer a minha casinha, ao contrário, antes de sonhar com o príncipe já idealizava o castelo, sabe como é?! Montava quarto para boneca em caixa de sapato, com direito a closet e tudo; planta baixa de apartamento em jornal para mim é leitura obrigatória no café da manhã, sem falar que adoro visitar um imóvel decorado em exposição, só para ter ideias para o meu lar.

Já tive 12 endereços diferentes, fiz um não sei quanto de mudanças para amigos e parentes e, mesmo muito bem instalada hoje em dia, continuo sonhando com o novo endereço, uma reforma à vista, ou, ao menos, a troca do estofado... Acredito que a casa é um pedaço da gente, que toma forma e precisa de cuidado e atenção.

Cada uma das casas que tive foi assim: com a minha cara e o meu tamanho. Em cada uma delas eu aprendi um pouco sobre tudo: culinária, limpeza, jardinagem, festas, decoração, e também sobre relacionamentos, amizade, solidariedade e respeito.

O dia de ter o seu próprio canto é uma data muito especial na vida. Se você está de mudança marcada, então, imagino seu friozinho na barriga. Não importa se a casa em questão é só um quarto na república, um conjugado de solteiro, o apê descolado do novo solteiro no mercado ou o sobrado arrumadinho dos recém-casados. Tanto faz se é a morada da mulher que trabalha fora ou uma daquelas de comercial de margarina, com a mamãe-papai-e-filhinhos. Em cada um desses endereços há sempre mil histórias, mil desejos e mil caprichos realizáveis – é disso que é feito o cenário de um lar. É disso que eu gosto de falar.

E se no meio da conversa eu der um palpite no jeito de embalar os copos para a mudança, não repare... é que já quebrei alguns antes de descobrir uns truques para lidar com esse e outros assuntos relacionados à vida real de uma/um dona(o) de casa. Este livro é para você, que tem bom gosto, informação e desejo de um lugar bacana, mas ainda não tem sequer noção de como fritar um ovo. Eu sei bem, porque já fui essa pessoa...

Um teto para chamar de seu

Tudo começou com o telefonema da Bia, no meio da tarde de segunda-feira, querendo desesperadamente saber se o picador de gelo era mesmo indispensável na sua lista de presentes. Prima querida que é, a Bia merecia minha consideração naquele momento. Expliquei calmamente que as tais listas das lojas servem apenas de ponto de partida, que nelas os itens e quantidades ainda são pensados para casas de grandes famílias, como as das nossas avós, quando as pessoas tinham espaço para comprar tudo em dúzias – inclusive os ovos, que ficam apodrecendo na geladeira, a menos que se tenha disposição para fazer omelete todo dia – ah, e aí, aproveitando que a Bia estava na loja, falei para encomendar uma omeleteira, isso sim, um artefato doméstico importante... Bem diferente do picador de gelo que teria o mesmo destino do abridor de coco – o fundo esquecido da terceira gaveta! É sempre lá onde mofam as tralhas que são compradas por impulso, sem saber se vão ser úteis, e também onde morrem os abridores de garrafa promocionais que todos os anos os mercadinhos de bairro insistem em entregar como brinde de Natal.

Até o casamento, a Bia ainda vai me ligar várias vezes, eu sei. E, por isso mesmo, fiquei pensando no assunto. Quantas Bias existem por aí precisando saber onde é que se aprende a ser dona de casa? E dono de casa, então? Não tem lista de casamento que dê conta do assunto...

Para complementar, o Bruno me liga à noite com um problema doméstico peculiar: tirar a mancha do porta-copos metálico que ele inadvertidamente pôs na máquina de lavar (na verdade, eu sabia, o descaso maior tinha sido usar o porta-copos com bebida servida em copos de requeijão – fala sério!).

Esses assuntos e truques de funcionamento básico só se aprendem com o uso. Portanto, ninguém, quando sai de casa pela primeira vez, tem a menor noção de como é que funciona. A Bia e o Bruno contam com alguém por perto com quilômetros de listas de casamentos (três para ser mais precisa) e milhagem de festinhas improvisadas no apê, das baladas de solteiro aos convescotes infantis. Mas e o calouro de faculdade que vai mudar para outra cidade e nunca sequer fez a própria mala? E a guria que, finalmente, tem grana para alugar seu próprio canto ou mesmo a que vai juntar os trapinhos e nunca fritou o próprio ovo? O Zé Luiz mudou com o liquidificador debaixo do braço se achando o mais esperto, pensando que tomaria vitamina toda manhã... Aprendeu na prática a primeira lição de culinária: tudo o que precisa ser desmontado para lavar vai ficar é na caixa mesmo. Um *mixer* resolveria o problema com muito mais graça.

Respondi para o Bruno com uma receita simples para tirar a mancha: limão e sal. E meu melhor conselho:

– Tenha porta-copos de resina. Eles podem ser lavados na máquina, não riscam e não quebram. E, por favor, copos de requeijão vão é direto para reciclagem!

Vire a página para descobrir como preparar o enxoval para a primeira mudança.

Dicas

Enxoval básico para a primeira mudança

Lojas de artigos de cama e mesa oferecem listas de enxoval a milhão, e o mesmo vale para as de utilidade doméstica e decoração. Nesses lugares é possível, inclusive, organizar uma lista de pedidos para seus amigos e parentes presentearem você, como fazem os noivos antes, durante e depois da festa (tem lista de chá-bar, lista de chá de cozinha, lista de casamento, lista de chá de bebê... quanta imaginação!). E se você for morar sozinho, achar que lista de presente não é o caso e estiver a fim de montar o seu lar com personalidade e às próprias custas (o que, sinceramente, é muito legal), segue também a minha lista com os itens que são essenciais e alguns comentários, que não podia deixar passar.

Roupa de cama – só comprar depois que você tiver escolhido a medida exata do colchão (principalmente se for o modelo de lençol com elástico).

Leve essa medida com você e confira na etiqueta do lençol se bate. Não confie na descrição dos fabricantes de roupa de cama, pois, muitas vezes, o *queen size* de alguns é do tamanho de uma cama de viúva (aquela cama de solteiro mais larga).

- 1 protetor de colchão (prefira o modelo que veste o colchão, com zíper interno, no lugar daqueles com elásticos nas laterais que acabam cedendo com o tempo e se tornam um desconforto).
- 2 jogos de lençol.
- 1 lençol branco avulso e 4 fronhas avulsas para combinar com os jogos (o lençol avulso também serve para o hóspede que pode morar no seu sofá).
- 1 edredom (os de penas e plumas são imbatíveis, mas, lembre-se, é preciso um lugar para guardá-los durante o verão!).
- 1 cobertor (também precisam de espaço extra no armário).
- 1 cobre-leito (aquele edredom mais leve que pode ser usado nos dias mais quentes).

Banho – no lugar de conjunto coordenado, compre toalhas avulsas, que costumam ter preço melhor. Mas não abra mão do conforto: toalhas só 100% algodão. Se forem coloridas, só as de muito boa qualidade porque alguns fabricantes usam a tintura como estratégia para camuflar a qualidade inferior dos fios (estratégia que só dura até a primeira lavagem!).

- 2 toalhas de banho.
- 4 toalhas de rosto.
- 2 pisos de banheiro.

Cozinha – o que você vai usar nesse cômodo está totalmente ligado ao seu estilo de vida. Se faz o tipo que sai pra comer todos os dias, besteira gastar com facas caras e bacanas para cozinhar e também não precisa de um descaroçador de azeitona, que é valioso para o mais amador dos cozinheiros, na hora de incrementar a torta de liquidificador (azeitonas vendidas sem caroço dificilmente são tão saborosas quanto a inteira... só para saber). Por isso, a lista que segue discrimina itens realmente importantes na cozinha, mas não as quantidades. O tamanho da festa é seu bolso e seu gosto que vão dizer. Muitos acessórios ficaram de fora também, como o batedor de ovos, pelo motivo simples que você não se lembraria de usá-lo para fazer omelete (e o garfo dá conta do recado), e, se por outro lado, você é um gourmet e sabe que o nome correto desse utensílio é *fouet*, não vai abrir mão dele para aerar a massa com ovos, mas aí não precisa dessa ou de qualquer lista para dirigir o que vai precisar na cozinha.

- Abridor de lata e saca-rolhas (os modelos dois em um não são muito confiáveis).

- Afiador de facas (indispensável, principalmente para quem usa lava-louças, que faz a faca perder o corte rapidamente).
- Apoio de panela (que também serve para o descartável da comida pronta).
- Assadeira antiaderente (se for ter apenas uma, escolha a redonda grande, que comporta tortas retangulares pequenas e também aquela pizza do dia seguinte).
- Colheres para cozinhar, antiaderente e de pau ou bambu (a de bambu é mais cara e difícil de encontrar, mas estraga menos).
- Concha e escumadeira antiaderentes (mais fáceis de lavar).
- Concha/colher para servir sorvete (se for mesmo comprar, escolha o modelo de inox, mais resistente e charmoso).
- Copos (o estilo do bebedor é que define o tipo. Mas duas taças, ao menos, por favor).
- Cortador de pizza (se for mesmo comprar, prefira o modelo que corta e serve a fatia).
- Escorredor de arroz (que, definitivamente, não serve para escorrer macarrão).
- Escorredor de massa (que serve também para escorrer legumes).
- Escorredor de louça (mesmo o mais moderninho é feio... os modelos dobráveis ficam bem escondidos debaixo da pia).

- Espremedor de alho (porque só um *chef* é capaz de espremer o alho com a ponta da faca).
- Facas para cozinhar (sem improviso, uma para queijo, outra para pão, outra para carne).
- Formas de gelo (as de silicone são imbatíveis).
- Frigideira e panelas (na dúvida, compre um conjunto básico, que contém a variedade em tamanhos e tipos de panelas para uma cozinha de iniciante).
- Guardanapos de pano (fazem toda a diferença com visitas, acredite!).
- Jogos americanos (os lisos podem combinar entre si, conforme o número de convidados à mesa).
- Kit de detergente e esponja para pia (o melhor é aquele de plástico com furinhos, para escorrer a água da esponja).
- Lixeira (uma para a cozinha e outra menor para a pia).
- Luva antitérmica ou pega-panela (aquele tecido quadrado com abertura para colocar a mão e que, pasme, é mais prático que a luva feita para esse fim!).
- Panos de prato (os de saco alvejado não são tão bonitos, eu sei, mas são os que enxugam melhor).
- Pegador de massa (ou passar a vida fazendo malabarismo de espaguete com garfo e colher).

- Porta-frios (é uma frescura essencial para conservar os frios, frios).
- Potes de mantimento (nem sempre os mais bonitos são os que fecham melhor).
- Potes de plástico com tampa (a regra é simples: perdeu a tampa, descarte o pote... caso contrário, sofrerá da maldição dos *tupperwares* inúteis ocupando espaço no armário).
- Potes para micro-ondas (há um universo de modelos, tamanhos e cores. Todos ficam desgastados com o uso e precisam ser repostos de tempos em tempos).
- Saleiro e açucareiro (não, não é um erro. O pimenteiro, eterno par do saleiro, não é indispensável).
- Secador de salada (investimento barato para comer salada todo dia).
- Tábuas para alimentos (o ideal é ter uma para carnes e outra para legumes).
- Tampa para micro-ondas (melhor do que improvisar tentando equilibrar o copo com o prato, ou ter que limpar depois a sujeira do leite que ferveu demais).
- Tesoura (deve ficar à vista, para abrir embalagens rígidas, como as *Tetra Pak*, sem fazer estrago).
- Toalha de mesa (a de linho é a campeã, mas prepare-se para a conta na lavanderia).
- Vassoura, rodo e pá de lixo (o trio básico em qualquer piso).

Em busca do endereço perfeito

O jornal é um bom local para começar a procurar sua nova casinha. Até você perceber que os anúncios contendo "boa localização" são um jeito de dizer que o bairro é bom, mas que o imóvel anunciado fica, na verdade, em uma rua muito distante de lá... Contratar um corretor é prático porque ele faz a triagem dos jornais para você, mas é preciso sangue frio para lidar com a pressão: todo imóvel que esse profissional apresenta é sempre o melhor e o mais urgente para ser vendido, e ele não terá piedade em ligar para você às nove horas de domingo só para apressar a decisão. Indicações de amigo também têm seu valor, principalmente quando você estiver de olho em uma daquelas casas de vila que mal chegam a ficar desocupadas, tamanha é a procura. O risco é a casa ser tão bacana que seu amigo é quem decide ficar com ela... e, nesse caso, você fica também sem o amigo.

Depois que achar o lugar onde morar, você passará pela ansiedade de ter absoluta certeza que o lugar escolhido é o "melhor lugar do mundo". Ou, ao menos, o endereço certo em todos os dias da semana: já imaginou, por exemplo, descobrir que tem uma feira aos sábados bem no lugar onde se mudou? Ficar com o carro preso porque seu bairro ferve à noite com os bares da rua vizinha? Descobrir que seu vizinho de porta é músico e fez um estúdio na sala dele?

Quem não conhece alguém que é amigo ou primo de um cara com um problema assim? Dos imprevistos ninguém está a salvo (como a Nanda e o Theo, que tiveram o sobrado, em pleno bairro tradicional de São Paulo, desapropriado pelo Metrô), mas algumas estratégias são bem úteis antes de escolher seu próximo endereço. Em relação à localização, por exemplo, é fundamental visitar a rua em horários e dias diferentes (atenção com a segunda-feira, que é quando os bares fecham e não costuma acontecer feira livre); e também é recomendável entrar em uma locadora ou em um salão de cabeleireiro mais próximos, para pegar informações gerais sobre a região (trânsito, alagamentos, segurança, novas construções). Para completar, vale também questionar o porteiro do prédio ou o vizinho de parede sobre problemas possíveis no imóvel (trincas, vazamentos, reformas recentes). O síndico é um porta-voz de problemas também, e você deve pedir a ele, ou à administradora do prédio, para ver a documentação comprovando que as finanças do condomínio estão em ordem.

Tá achando que é coisa de neurótico? Então, relaxe, aproveite e assista *Duplex* (EUA/2003), comédia curtinha que conta as desventuras de um casal que fazia qualquer negócio para ficar com um duplex bem localizado em Nova York – inclusive não pesquisar a vizinhança antes de se mudar para lá, como você pode estar querendo fazer.

Veja a seguir o que checar na hora
de escolher o novo lar.

Dicas

O que checar na hora de escolher o imóvel

Se você está comprando um imóvel na planta, é um felizardo que tem à disposição um corretor com todas as informações técnicas necessárias para se certificar da qualidade e procedência dos materiais empregados na construção. Tire proveito disso e, à medida que seu orçamento permitir, selecione o imóvel por esse critério: louças e metais de primeira linha, esquadrias e janelas idem, assim como revestimentos das áreas molhadas (azulejos) e secas (piso de madeira e similares). Muita atenção, contudo, às letras miúdas do contrato: é lá que vai escrito, por exemplo, que o material empregado no modelo decorado não é idêntico ao que será entregue no imóvel.

Já se sua busca é por um imóvel usado, a atenção redobrada é proporcional aos anos de construção: encanamentos e fiação elétrica, por exemplo, não são visíveis e passam despercebidos por quem não tem prática de vistoria de imóveis. E claro, nem o dono do imóvel ou o corretor é que vão chamar a atenção do comprador para esses pequenos "defeitos". Confira o roteiro do que procurar nas paredes e afins, antes de fechar negócio.

- Paredes com textura podem significar um disfarce para vazamentos. Apalpe perto das janelas e nos cantos, certificando-se de que a tinta não está fofa ali – isso é um evidente sinal de vazamento.
- A água que sai das torneiras e das descargas deve ser incolor. Manchas de ferrugem na louça indicam canos de ferro, usados nas construções antigas, que mais cedo ou mais tarde deverão ser trocados (e isso é uma dor de cabeça sem fim). Vazamentos internos são difíceis de detectar, mas um bom truque é jogar serragem na água da bacia sanitária: ela deve se depositar no fundo, imediatamente; e se ficar se movendo, é sinal de que a água está escorrendo por algum lugar internamente.
- Presença de pó preto ou acinzentado perto das dobradiças dos armários de madeira indica cupins. Saia correndo, porque esse tipo de praga não tem solução.
- Revestimentos sintéticos sobre o piso, como carpetes e forrações, podem ser um truque para esconder problemas de infiltração no piso.

Faça como nas paredes e caminhe com cuidado observando se há áreas soltas ou manchadas, principalmente perto das paredes.

- Insolação é um ponto muito importante a se observar em imóveis mais antigos, com prédios na vizinhança. Se o local realmente despertou seu interesse, o ideal é visitá-lo em diferentes horários, para acompanhar o movimento do sol. No caso dos apartamentos, a escolha do andar é fundamental, pois às vezes mesmo um prédio face norte (a insolação ideal) pode estar prejudicado se a construção vizinha não respeitou o recuo mínimo na construção, atrapalhando o sol nas unidades mais baixas. Um bom truque para isso é visitar o imóvel pela manhã e colocar as mãos nas paredes em todos os cômodos: onde o sol não pega nenhuma hora do dia, haverá umidade.
- A segurança é outro ponto primordial, principalmente em casas. Tente estabelecer contato com pequenos comerciantes da vizinhança, como farmácias ou padarias, questionando sobre roubos de carros, furtos e assaltos. Em prédios, faça perguntas genéricas ao zelador sobre o funcionamento do prédio, tempo de serviço dos funcionários e, se possível, converse com algum morador também.

- Atenção à presença de placas de venda e aluguel na região onde procura seu imóvel. Uma rua onde há vários imóveis à venda tanto pode indicar alta especulação do bairro, o que é um sinal de investimento imobiliário, quanto o contrário, uma desvalorização iminente por algum evento que possa lhe passar despercebido: a desapropriação para construção de metrô, por exemplo.

De malas prontas

Saber como se preparar para esse momento é um exercício de autoconhecimento. Uns ficam pilhados e fazem questão de controlar cada fechamento de caixa: "a blusa marrom vai ali, junto com as pretas", "moço, você já passou quantas camadas de plástico bolha nas minhas taças de cristal polonês?" – essa era eu, na última mudança antes do Felipe nascer, quando as taças de cristal ainda eram as coisas mais importantes no meu lar. Outras pessoas reagem de modo autista ao caminhão da mudança: "ah, beleza, vocês empacotam tudo por aqui e a gente se encontra lá no apê novo, para onde vão as caixas, certo?" – esse, o pai do meu então futuro filho e atual ex-marido, por essas e outras...

Sem nenhuma pretensão da psicologia positiva, que se edifica com técnicas de autoafirmação e estratégias para promoção do bem-estar, é bom admitir a total impossibilidade em se divulgar a receita ideal para fazer uma mudança tranquila. Se é mudança, não é tranquila. Por outro lado, aproveitando do senso comum, que é o pai de toda filosofia, para uma situação de crise prevista existe sempre um planejamento que pode minimizá-la. Se há mudança à vista, então, organize-a primeiro.

Mesmo que você não vá carregar móvel algum para a nova casa e que todos os eletrodomésticos sejam entregues diretamente pela loja no seu futuro endereço... ainda assim, o dia da mudança ficará marcado para sempre. Pode ser que a mudança seja para um quarto de pensão, entre andares no mesmo prédio, de volta para a casa dos pais, uma transferência de cidade, de estado civil, causada por uma separação, o nascimento de um filho, uma promoção no trabalho... Boa ou ruim, sendo uma mudança, já está estigmatizado: é um estresse.

E, no fundo, tem que ser assim... Porque a ida para uma casa que você vai chamar de sua não pode mesmo ser um dia como outro qualquer. É o primeiro dia de uma vida nova – ainda que no final desse dia você esteja tão, tão cansado, que seja capaz de dormir em qualquer canto, no meio da bagunça, das caixas e das mil coisas que têm a fazer.

Já o dia seguinte à mudança, ah, esse não tem lá tanta poesia. Caixas de papelão, para quem não sabe, têm o incrível poder de se multiplicar à noite, como *gremlins* (as geniais criaturas produzidas por Steven Spielberg, com humor tão negro como cabia na década de 1980). Será preciso reservar uns dias da sua *nova* rotina de casa *nova* para a missão tirar-da-caixa-e-arrumar-lugar-para-guardar, afinal, é um *novo* lugar para guardar! Mesmo que você conte com ajuda para organizar tudo, chega uma hora que é só com você... Os copos coloridos serão mais usados do que os transparentes? Qual deles deve ficar naquela prateleira mais alta do armário, que ninguém alcança? As toalhas de rosto ficam no banheiro ou no armário do quarto?

São várias decisões para tomar e esse momento virá sempre acompanhado daquela sensação de não saber se a escolha foi a mais adequada... Será que o sofá fica melhor ali, ou a gente deveria tentar debaixo da janela? Humm, e esse tapete na entrada... sei não. Vamos experimentar no corredor?

Cansa, sim; lógico que dá trabalho! Mas nada que se compare ao prazer de deixar a sua casa com a sua cara.

Saiba agora
como organizar a mudança.

Dicas

Como organizar a mudança

Caixas de papelão, plástico bolha, rolos de fita adesiva, ferramentas para desmontar armários e objetos frágeis espalhados pelo chão... o paraíso passa longe dessa visão. Mas o cenário também não precisa ser inferno! Com um pouco de organização, tudo acaba bem.

Antes do grande dia

- Peça ao responsável pela transportadora que venha ao local e faça a avaliação dos objetos que devem ser embalados, com especial destaque a tudo o que é frágil. Ele também deve orçar o serviço para desmontar móveis, lustres, armários e estantes – algumas transportadoras não executam esse serviço e será um transtorno descobrir isso apenas no dia da mudança.

- Prefira um dia de semana para fazer a mudança: o preço da transportadora é menor e, em prédios, o horário disponível é maior.
- Verifique se no dia escolhido não há obstrução de tráfego na região, como feiras, por exemplo.
- Avise o zelador do edifício e peça que prepare o elevador de serviço. Peça também que seja reservada uma vaga na porta do prédio.
- Mande para a lavanderia as cortinas e os tapetes e agende a entrega no endereço novo.
- Planeje a disposição dos móveis na nova residência e deixe indicado com cartazes no chão para que os entregadores já disponham exatamente no local escolhido.
- Desligue geladeiras, adegas e frigobares, caso a mudança seja para outra cidade.
- Faça *backup* de todos os arquivos do seu computador antes de desligá-lo.
- Comunique a mudança de endereço para todos os estabelecimentos comerciais que enviam correspondência importante, como bancos, escolas, clubes. E aproveite porque durante um tempo deixará de receber aquelas malas diretas inúteis endereçadas para sua casa antiga.
- Retire documentos, joias e objetos de valor de casa, de preferência um dia antes da mudança. Deixe-os em um local seguro e leve-o com você só depois de instalado definitivamente no novo endereço.

- Identifique as caixas e objetos que não devem ser transportados com um papel onde se leia, bem legível: ATENÇÃO, NÃO LEVAR.
- Providencie, na medida do possível, para que um dia antes da mudança o novo imóvel já tenha instalados luz, água, gás, telefone e serviço de internet.
- Programe-se para não ter crianças ou animais no local no dia da mudança – é uma aventura que acaba como filme de terror, acredite.
- Deixe copos descartáveis à mão para servir água e café à equipe da transportadora. Gentileza é um antídoto para o estresse.

No dia da mudança

- Alimentos perecíveis e embalagens abertas devem ser descartados. O mesmo vale para frascos de xampus e cremes que podem vazar durante o transporte.
- Objetos frágeis devem ser embalados pelos profissionais, que são responsáveis por qualquer dano durante a mudança. Mas, na dúvida, faça você mesmo o serviço e o transporte.
- Roupas em gavetas podem ser transportadas direto na própria gaveta – isso facilita muito a arrumação depois. Da mesma forma, não tire as roupas dos cabides: elas podem ser colocadas desse jeito em caixas grandes ou

em araras que as transportadoras disponibilizam. Se tiver malas grandes, elas também serão úteis para o transporte das roupas em pilhas, da maneira que estejam acomodadas no seu armário.

- A mesma dica do transporte da gaveta serve para os talheres e utensílios da cozinha.
- Cobertores e edredons são ótimos protetores para objetos pequenos e frágeis de decoração, como porta-retratos e esculturas de mesa. Aproveite a mesma caixa para embalá-los.
- Um kit de primeiros socorros com curativo, antisséptico e antiácido (por que não?) será providencial nesse dia. Deixe-os em local visível para o caso de uma emergência. Medicamentos de uso diário devem estar nesse kit também, que deve ficar sempre com você, e não ser despachado com a mudança.
- Plantas não costumam ser bem tratadas pelos carregadores e, inevitavelmente, sofrem danos no caminhão de transporte. Portanto, só despache os vasos realmente muito pesados e leve com você no carro os mais frágeis.
- O ideal é que cada caixa seja deixada já no cômodo certo na nova casa. Uma forma rápida de fazer isso é colar uma grande etiqueta em cada uma com o nome do cômodo para onde a equipe de transporte deve deixá-la.

- Bolsas e sapatos merecem seu cuidado (o seu, cuidado, porque o transportador não sabe quanto vale seu Louboutin). Use meias velhas para preencher os sapatos e evitar que amassem nas caixas. Quanto às bolsas, acomode as menores dentro das maiores e use uma caixa separada só para elas.

Improvisos e "improvisos"

Por que afinal inventam tantos acessórios indispensáveis para a casa? Ah, porque não tem nada como a cara de espanto da namorada nova do seu bom amigo quando você servir para ela o espumante em uma taça com identificador. Achou frescura demais para o seu gosto? Pois aí vai um motivo bem "macho": usando a mesma taça a noite inteira, serão menos taças extras para lavar no final da festa!

Identificadores de taça são, portanto, uma grande invenção. Os modelos em papel são práticos: como um *post-it* especial para resistir ao vidro, o convidado pega o seu e escreve seu nome, envolve no pé da taça e pronto, ninguém mais tasca. Os modelos em acrílico colorido são mais bacanas e acompanham uma correntinha charmosa – o risco é de serem levados como souvenir por convidados abusados...

A ideia é boa e original. Mas ninguém se lembra de colocar na lista de supermercado o tal refil dos identificadores. Os fabricantes de vinho bem que poderiam sacar e incluir na embalagem da bebida. A Fernanda já pensou em uma alternativa caseira bem bacana: ela usa aqueles fitilhos de presente e amarra em bilhetinhos com uma frase que tenha a ver com cada convidado... Mas a Fernanda, gente, é daquelas que têm horta na varanda e reutiliza as embalagens de saponáceo como regador de plantas! Outra categoria de protagonista...

São detalhes como esses que fazem a casa com a sua cara. Moderna, retrô, hippie, descolada. Ou seja, o seu identificador de taça pode dizer muito sobre você!

A boa notícia é que ninguém espera muito de um novo dono de casa. Nem você mesmo, às vezes. Portanto, os improvisos acabam dando graça à história. O que não vale é exagerar, como o Marcelo que só usa descartáveis: copos, pratos, talheres, nada, nadinha que vá ser lavado e reutilizado. Faz cinco anos que ele só come em plástico! Nem vale a pena discutir sobre o abuso ecológico da questão. Nem argumentar que é cafona e deselegante. Solteiro convicto, a gente desconfia que a falta da louça seja mesmo é para manter a mulherada à distância de uma noite. Da minha parte, o truque vai continuar funcionando.

Dicas

Ideias muito boas e o que não funciona

No fundo, todo mundo sabe que nada como dar umas boas cabeçadas por aí para aprender o que dá e o que não dá certo na vida. Mas bem na superfície, o que todo mundo gostaria, também, é que alguém pudesse antecipar os erros, ou pelo menos os maiores e que custam mais caro... A relação a seguir é uma tentativa disso para você.

- Os móveis com que sonhou para a varanda são muito caros ainda e há outras prioridades na sua lista de decoração? Ok, mas resista a comprar aquelas cadeiras e mesas de plástico. São baratinhas, é verdade, mas a menos que você tenha uma piscina para onde levar essa tralha depois, nunca, nunca mais se livrará delas. Cadeiras de plástico são uma maldição que ficam rodando a casa como suporte de roupa em um canto de quarto... Já aquelas mesas dobráveis de metal, assim como as cadeiras, ficam bacanas se customizadas com tinta spray ou, melhor ainda, com um tratamento especial de envelhecimento que dá um aspecto de ferro muito legal às peças. É a diferença entre o improviso e o "sacado".

- Tem alguém da família se oferecendo para doar o sofá usado e você está considerando a oferta? Sofá usado, sinceramente, só se for peça de *design* (quem sabe aquela sua tia não tem uma poltrona Sergio Rodrigues esquecida pelos cantos e nem desconfia do seu valor). A reforma de um móvel grande como um sofá custa caro e, para ser bem feita, leva tempo. Na equação custo-benefício da sua casinha nova, vale mais a pena investir em um modelo básico e, quando a grana sobrar, mandar fazer uma capa descolada de um tecido que você curta bastante.
- Diante da oferta de persianas baratinhas à venda no supermercado você está considerando aplicar o faça-você-mesmo nas janelas e economizar nas cortinas? Desista. Na primeira ventania você vai sentir o amargo gosto do arrependimento. Para certas coisas, principalmente as que envolvem furos simétricos na parede, o melhor é entregar nas mãos de um especialista. Refaça as contas também na hora de escolher o modelo da persiana: as mais ba-

ratas e simples muitas vezes têm durabilidade duvidosa. Por outro lado, há modelos tão sofisticados em automação que só não falam (mas ouvem, já que são acionadas por comando de voz)... E se a opção for cortinas de tecido, continua valendo a máxima de não improvisar na hora da instalação. Há boas opções em modelos prontos com variedade de estilos e preços acessíveis, mas, cuidado, como são produzidas em série, essas cortinas seguem uma medida padrão, que pode não conferir com a sua janela. Uma alternativa, nesse caso, é usar duas folhas de tecido pronto para cada folha de janela, criando um efeito mais franzido bem interessante também.

- Box para o chuveiro só se for de vidro, e ponto final. A década de 1970 deixou uma herança maligna nos imóveis mais antigos, conhecido como box, mas feito em um plástico fosco e enrugado, medonho... Está quase em extinção, ainda bem. Se topar com um desses, o extermínio é a única solução. E se a grana estiver curta para mandar fazer o box, ou o imóvel for alugado e você r-e-a-l-m-e-n-t-e achar que não merece tomar um banho confortável todos os dias, considere cortinas plásticas em poliéster e PVC, com estampas divertidas e *silkscreen* descolados.

- Papel de parede já foi moda, já foi brega, virou sinônimo de imóvel comercial e agora, na onda dos revestimentos ecologicamente corretos, voltou à cena. Tendências e gostos à parte, trata-se de uma opção simpática e versátil, com custo razoável e, o que é mais importante, pode ser um investimento temporário, sem grandes danos, pois dispensa quebra-quebra na hora da colocação. Quer dizer, é uma boa ideia desde que você não tente fazer em casa você mesmo. É outra daquelas investidas *self-service* que não colam, ou melhor, colam e não descolam mais se você é quem fizer o serviço. Papel de parede só com o colocador especializado, que tem a cola certa, sabe cortar o revestimento na medida certa e dá garantia do serviço. Ah, mas você quer ter o gostinho de "inventar" nas paredes. Então resolva seu problema com adesivos de decoração próprios para isso que não oferecem riscos maiores e também produzem um efeito decorativo bem moderno.

A porta de entrada

É como aquele cheiro de carro saído da concessionária: pega na gente só de sentar no banco! Com a casa a sensação é a mesma, só que a sensação é prolongada cada vez que alguém passa pela porta pela primeira vez. Melhor, cada vez que a gente abre a porta e respira fundo: "querida, cheguei!". Tive um vizinho que falava isso já da porta do elevador. No caso dele, conhecido como o solteiro do 7º andar, funcionava também para espantar a mulherada que caía em cima mesmo... Nunca soubemos se a tal frase funcionou para o propósito, mas era uma gracinha imaginar que o "querida" era pra casa dele, isso era...

Esse estado de *apaixonamento* deveria durar para sempre. Mas para isso precisa é a casa ser muito parecida com o dono dela. Coisa que dá para perceber logo na porta de entrada. Imagina a cena: você vai visitar seu namorado pela primeira vez e, antes de tocar a campainha, dá de cara com um capacho escrito *welcome* com florzinhas na lateral. Ai, meu Deus... saia correndo, por favor.

Não dá para ter um quadro bacana no hall de entrada? Trocar a orquídea branca uma vez por mês é demais para o seu bolso? Então, não invente. Flor de plástico é pior que carranca: afugenta até os bons espíritos. Decoração pode variar em gosto e custo, mas segue o princípio do bom-senso. Se ficou na dúvida, não leva, porque vai virar entulho depois. Se o que você mais quer para a sala ainda está caro demais, espere pra investir no que vale. E tire proveito do conceito minimalista: menos é mais. Valorize o vazio existencial na sala sem sofá com uma cor na parede, um conjunto de almofadas e uma mesinha de apoio.

Não é só questão de estilo. Segundo os especialistas em feng shui, a vertente da filosofia oriental que concentra dicas de energia para a casa, móveis demais entulham, dificultam a circulação e irritam os moradores cotidianamente. A porta de entrada, então, influencia a maneira como as pessoas entram nela. Funciona mais ou menos assim: se são bem recebidas, transmitem coisas legais; o contrário também vale. O assunto é levado a sério pelo empresário norte-americano Donald Trump, que tem uma mestra em feng shui exatamente para orientá-lo em seus empreendimentos. E o cara tem sorte como poucos, convenhamos. Ou seja, deve ter um bando de duendes morando no hall de entrada...

Dicas

Quatro dicas rápidas de decoração

Detalhes podem fazer uma grande diferença na arrumação dos móveis. E não se trata aqui do tom mais ou menos *off white* do branco das suas paredes... É saber o centímetro exato para a mesa de centro não atrapalhar a passagem ou impedir a porta do armário de abrir – vai dizer que já tinha parado para pensar nisso?

- Mesas de centro devem ficar afastadas do sofá entre 40 e 50 centímetros. Esse é o espaço mínimo para que alguém sentado possa apoiar um copo sem precisar levantar e, por outro lado, para que consiga levantar sem esbarrar na mesinha e derrubar tudo que estiver sobre ela. Se o sofá é do modelo *chaise*, mais largo, essa distância precisa aumentar, por uma questão de proporção estética. O raciocínio é o mesmo se o sofá for muito comprido: a mesa de centro também deve ser maior, para não ficar com cara de mesa lateral improvisada no meio da sala.

- Espelhos são curingas para aumentar visualmente o espaço. Mas isso também significa que potencializam tudo o que estiver no ambiente: o tamanho dos móveis, as cores, a iluminação. O indicado, portanto, é que o espelho seja o último item a ser instalado, principalmente se a intenção é fixá-lo permanentemente na parede. Espelhos emoldurados são uma opção intermediária e, além de mais práticos (porque dá para viver trocando de lugar), são mais econômicos.
- A cabeceira da cama é sempre o ponto central na decoração de um quarto – o que significa que se sua cama não tem cabeceira é para esse vazio que são atraídos todos os olhares; mas, se por outro lado, ela é grande demais para o cômodo, dá a impressão de diminuir a altura do quarto até. Democrática, a cabeceira aceita vários estilos, gostos e preços. Uma cor mais forte vai bem, desde que você se preocupe também em escolher um enxoval que harmonize com ela. Papel de parede ou adesivo são opções viáveis, até porque como é apenas uma parede dá para investir em tecidos e *designs* diferenciados. Prateleiras e nichos com iluminação indireta e objetos de arte causam boa impressão (mas cuidado com a altura em que vai instalá-los para não tirar seu conforto quando se sentar encostado na cabeceira da

cama). E até mesmo se o problema é a falta de espaço, tem solução. Almofadas coloridas e de tamanhos diferentes apoiadas na parede para quando só há espaço para o colchão; e, para a cama debaixo da janela, uma persiana horizontal feita em tecido com trama fechada, mas que deixa passar a luz, cria uma ilusão ótica interessante, como de claraboia.

- Condensador de ar-condicionado, aquecedor a gás e boiler decididamente são trambolhos que enfeiam sua lavanderia. O problema é que por questão de segurança esses aparelhos precisam ficar lá mesmo, em uma área com boa ventilação (pensando bem, melhor que seja lá, já imaginou se fosse na varanda?). Porém, podem ser disfarçados, desde que o técnico da empresa fabricante ou da companhia de gás dê o aval, claro. A dica é embutir essas peças em uma caixa de alumínio pintado ou de madeira (no caso do aquecedor, só se for do modelo sem chama). Em ambos os casos, a caixa precisa ter ventilação: brises, que são aquelas aberturas em lâminas, ou ripas, para a caixa de madeira.

A política de ser vizinho

Millôr Fernandes já disse primeiro que chato é aquele cara que tem mais interesse em você do que você nele... A citação poderia muito bem ter sido escrita com "vizinho" no lugar de "chato", não tivesse Millôr estado mais ocupado em ser jornalista, escritor, artista plástico, humorista, pensador... e não ter tempo a perder com vizinhos.

Mas sendo você um dono de casa que mora sozinho é bom entender: vai precisar desses chatos que são os seus vizinhos. Mais cedo ou mais tarde. A menos que você vá morar em alguma cidadezinha rural do interior (e que seja do interior da França, então!), ter ao menos um vizinho de porta será o seu destino. Vocês não precisam ser amigos e não se espera que o cara esteja no seu testamento, mas o melhor é que a relação de vocês seja cordial. E mais do que cordial se você for morar sozinho sem ter parentes que residam próximo, nem um amigo permanentemente desempregado!

Porém, ninguém disse que ser dono de casa e ter relações amigáveis com vizinhos seja uma condição implícita, é bom adiantar... Até hoje não ouvi falar da disponibilidade de uma ajuda profissional com os humores da vizinhança (e olha que tem campo!). Psicólogos e consultores no mercado podiam se candidatar... Seria como um analista especializado no comportamento daquele humano que mora ao lado e, mesmo vendo que você está atolado em caixas de mudança, não oferece ao menos um copo de água! Pior, toca a campainha na semana seguinte, perguntando se pode entrar para ver o que você fez com o apê – "é tão legal ver uma casa igual a sua só que diferente, né?!", e ainda fila um cafezinho...

Prédio, vila, condomínio, não tem jeito: o novo morador é sempre a bola da vez. E mesmo quando você ainda nem foi apresentado, pode crer que todos na vizinhança acham que já conhecem você. Só de espionar. Se você acabou de se mudar e tem menos de 30 anos, é solteiro(a) e tem cara de bem-sucedido, então, prepare-se: ninguém vai se animar muito com sua presença no começo. A princípio você é um bagunceiro, que vai dar altas festas e trazer o(s) namorado(a/os/as) para casa. Têm razão. Melhor distribuir cafezinhos como cortesia para acalmar os ânimos. Afinal, se não dá para disfarçar, maquie. Ter vizinhos é inevitável. Assim como olheira no dia seguinte!

Dicas

O que diz a lei

A melhor lei para seguir é a do bom-senso, que, quando precisa ser aplicada em caso de divergência entre vizinhos, passa pela conversa direta com o causador do transtorno. A segunda opção é a lei da intervenção, que faz uso de um intermediador por direito (o síndico, em um prédio, ou o administrador em um condomínio). E, quando não sobra alternativa, a lei do Código Civil Brasileiro. Não é que você precise entender dessa lei para poder se mudar para sua própria casa. Mas você pode precisar dela para resolver algum problema no condomínio ou na rua onde mora (e tomara que não precise, porque, infelizmente, ela não ajuda muito).

- Se a árvore na calçada do vizinho está ameaçando o seu muro. O proprietário do terreno é o responsável por qualquer dano que possa ocorrer com a queda dessa árvore. Para estar mais prevenido ainda, você deve notificar o departamento especializado em urbanização da Prefeitura para que o seu vizinho seja prontamente notificado. E se nada surtir efeito, você e os outros vizinhos incomodados podem entrar com uma ação judicial em razão do risco existente. A eficiência da solução está diretamente ligada ao perigo (e à sorte): se a árvore for muito grande e o estrago iminente, é provável que se aprove uma medida liminar para retirá-la, antes mesmo de um juiz dar a sentença.

- Se o seu vizinho de cima é um roqueiro, que usa a sala como estúdio de ensaio. Ou qualquer coisa da mesma família, que importune pelo barulho. Tanto você quanto ele estão amparados no direito de vizinhança que estão elencados do artigo 1.288 ao 1.296 do Código Civil. Esses artigos, antes de tudo, falam dos limites impostos pela legislação ao direito e uso da propriedade – em outras palavras, o direito de qualquer vizinho termina onde começa o seu e vice-versa. Qualquer advogado há de dizer que essa regra deverá ser usada dentro de princípios éticos, legais e sociais, com foco na convivência social harmoniosa e pacífica entre os vizinhos, não apenas aqueles que estão lado a lado, mas até os que moram nas proximidades e que podem ser prejudicados. Qualquer advogado também dirá que há vários tipos de situação que podem ser enquadrados como desordem: divergências sonoras, horários incomuns e hábitos fora da lei. Lembrando que você pode ser o prejudicado ou o sujeito prejudicador (dependendo do que você ouve ou fuma, por exemplo). Como se vê, as relações de vizinhança são pra lá de delicadas.

Para manter a casa em pé

A tal da independência de morar sozinho tem um complemento, digamos, irônico: ser dependente dos serviços de terceiros. Primeiro, do entregador – dos móveis, da farmácia, da revista, do supermercado, do site de compras, da pizzaria, enfim, da sociedade *delivery* que fica esperando pela gorjeta nossa de cada dia. Depois, do prestador de serviço – que vai do técnico que vem instalar a TV a cabo e a internet, ao montador do armário, passando pelo funcionário da lavanderia que vem retirar a cortina da sala.

Não é uma dependência diária, sequer mensal, mas é uma relação que tem seus picos críticos. No primeiro mês de casa nova, por exemplo, quando é imprescindível ter alguém em casa que possa receber em seu nome os móveis e eletrodomésticos que farão a alegria do seu lar (o parente, o amigo desempregado ou o vizinho-seu-mais-novo-amigo!). E depois a dependência continuará, pelos próximos anos, nas inúmeras vezes em que receber a visita cobrada dos técnicos das assistências técnicas dos mesmos móveis e eletrodomésticos que já fizeram melhor a alegria do seu lar...

A manutenção cotidiana de uma casa é, de fato, um trabalho doméstico. Nesse setor já inventaram de tudo: do serviço terceirizado para fazer as compras de supermercado ao *personal organizer* – a versão atual do mordomo para arrumar seus armários, só que avulso e cobrando por hora. De todos esses facilitadores para o trabalho doméstico, nada se compara à criação do marido de aluguel, que é um faz-tudo contratado pela internet para serviços de necessidade extrema, como instalar o varal. Trata-se de um profissional essencial para os homens que não dominam a arte da furadeira, e também para as mulheres; porém, ainda incompatível para quem tem como marido um daqueles homens que, mesmo sem habilidades domésticas, acham que sabem tudo.

Porém, mesmo quem faz o gênero caseiro – na concepção restrita do termo, que é usada para a categoria humana que nasce com aptidão e gosto para consertos e reparos do lar – precisa, de vez em quando, apelar para a ajuda profissional das assistências técnicas. Fogão, geladeira, máquina de lavar, enfim, toda a parafernália que não dá para carregar no carro e levar para o conserto, demanda atendimento domiciliar. Ou, traduzindo: um pobre coitado que fique de plantão esperando pelo serviço que, raramente, cumpre horário.

Dicas

Como sobreviver às assistências técnicas

Ah, a delícia de ter eletrodomésticos tinindo de novos! Mesmo que você não ligue para cozinhar e, por isso, não consiga dimensionar o prazer de comandar panelas a bordo de um *cooktop*, com certeza não consegue ficar imune ao feitiço de um *home theater wireless*... Contudo, para desfrutar desse momento único no seu lar doce lar há um preço a pagar (além daquele que seu cartão de crédito vai ver na fatura por um tempo): a assistência técnica autorizada. Você precisa dela para fazer sua casa funcionar, da televisão embutida na sala à máquina de lavar roupas. E quanto melhor entender o funcionamento dessas empresas, menos desgastante será essa etapa na sua mudança.

- Informe-se na loja de eletrodomésticos se não disponibilizam o serviço de instalação. As grandes redes costumam oferecer essa mão de obra por um custo razoável, mas, além da garantia estendida do produto e da instalação, o serviço pode ser agendado para o mesmo dia da entrega. Isso é uma vantagem bem grande para ser considerada no cálculo.

- Comprar eletrodomésticos da mesma marca é uma forma de otimizar o serviço de instalação, pois contratando apenas uma assistência há maiores chances de agendar o técnico para o mesmo dia.
- Lembre-se de que qualquer serviço de instalação de um eletrodoméstico novo está dentro da garantia do produto, portanto, a rigor, você não precisa pagar um centavo à empresa autorizada. Na dúvida, ligue para o Serviço de Atendimento ao Cliente (SAC) do fabricante, na presença do técnico, informando o nome do funcionário e a Ordem de Serviço (OS) que ele fornecer.
- Tenha paciência com as atendentes das assistências que amam os gerúndios e, às vezes, dão a impressão de que ganham um extra para enrolar o cliente. Mas não se deixe enrolar: quando o fabricante discrimina a assistência autorizada para o seu endereço, isso significa que você deve contatá-los primeiro, mas se esse prestador não tem prazo razoável pra execução do serviço, o consumidor tem o direito de notificar o fabricante sobre o mau atendimento e ser respondido por outra autorizada.

- Muitas vezes os técnicos têm má vontade mesmo para a instalação do novo eletrodoméstico. O motivo: são contratados por serviço e recebem um fixo por visita e mais a mão de obra. No reparo de um produto, haverá extra pela mão de obra, mas na colocação de um produto novo não, portanto, quanto mais rápido entrar e sair da sua casa, mais visitas remuneradas poderão fazer. O problema é que, depois da instalação, se você tiver qualquer dúvida sobre o procedimento feito ou, mais ainda, uma questão técnica sobre o funcionamento do aparelho, vai precisar contatar novamente a assistência autorizada e esperar na linha, ouvir gerundismos, esperar mais na linha, ficar esperando pelo técnico que nunca chega no horário...
- Lembre-se de que, por direito do consumidor, a empresa de assistência autorizada deve agendar um período (manhã, tarde ou noite) para a visita. Certifique-se dessa informação, anote o nome da atendente, dia e horário combinados. A assistência pode ser descredenciada da rede em caso de descumprimento desses itens, basta a sua notificação ao SAC.

Sem gordura e sem frescura

No último domingo o Otávio e a Marília convidaram meia família pra jantar, empolgados em experimentar a cuscuzeira que ganharam de presente. Casa nova é assim mesmo: inspira convites gastronômicos até do mais neandertal dos anfitriões, o cliente vip do disque-pizza.

Nenhum convidado sabia que a cuscuzeira era a estrela da vez, de maneira que todos (desconfio) foram esperando pela pizza mesmo... Ah, antes eu tivesse desconfiado: podia ter levado minha Le Creuset debaixo do braço, só por prevenção. Teria salvado o evento com o charme francês da superbásica receita de *ratatouille*, iguaria à base de legumes que agrada a todo mundo (por que é um prato francês ou por que é fácil de fazer e de comer?), ou até poderia ter aproveitado os camarões da receita do cuscuz para um prato ao forno. Custou caro a minha panela francesa, é verdade, mas é tão, tão prática, que já se pagou no terceiro almoço! Faça as contas: a valente Le Creuset encara fogo e forno e ainda vai direto à mesa, então, a cada jantar, é uma panela e uma assadeira a menos para lavar!

Já uma panela de cuscuz, que tem outra panela dentro e mais uma depois, cozinhando um alimento que precisa ser c-u-i-d-a-d-o-s-a-m-e-n-t-e desenformado... tava na cara que não ia dar certo o tal jantar. O adorável casal, que até o bendito cuscuz nunca tinha brigado na casa nova, não resistiu e, confesso, não fiquei até o fim para saber que fim levou a cuscuzeira.

Portanto, casais apaixonados às voltas com listas de presentes, prestem atenção a um detalhe: nenhum amor sobrevive à bagunça diária das panelas na cozinha. Ainda mais das panelas para cuscuz, *paellas* e feijoadas! Isso é comida para se saborear servida no prato, de preferência sentado em um restaurante onde se paga a conta e nem se passa perto da cozinha onde ela foi feita. Ou, se você estiver podendo mesmo, quando contratar uma cozinheira de forno e fogão (e não cozinheira trivial, entendeu a diferença?) que abasteça sua geladeira com comida de verdade (ai, que inveja!) que tem pouco a ver com aquela coisa pronta que você encontra no supermercado.

Casa nova combina com eventos gastronômicos, sim. Mas, a menos que você seja gourmet, resista a sair comprando panelas e acessórios ultrassofisticados e pra lá de especialistas, como fritadeira elétrica, máquina de pão e iogurteira – coisas que só valem a pena se vierem com um operador junto e um limpador depois.

A maior parte desses dispositivos eletrônicos e mecânicos de cozinha tem marcas dos Estados Unidos, o paraíso dos *gadgets*, como são conhecidos. Enriquecem os donos dos canais de venda on-line (aqui, lá e na China!) e terminam no depósito ou na *garage sale*. Na França, que é o berço da gastronomia, os gourmets investem é na qualidade das boas e velhas panelas: com tampa para não sujar o fogão e lindas pra ir direto à mesa. Convenhamos, isso sim que é facilitar a vida da gente!

Vire a página e desvende o mistério
dos armários organizados.

Dicas

A organização dos armários

Tempo é dinheiro não só na vida de modo geral, mas, principalmente, dentro de casa. Manter armários organizados, portanto, além da garantia estética que proporciona, é uma forma de não desperdiçar o seu dinheiro, por exemplo, comprando por engano o dobro da quantidade de molho de tomate, só porque você não conseguiu enxergar as caixas amontoadas lá na despensa. Quando a falta de organização vai para o quarto, por exemplo, os problemas são ainda maiores: imagine descobrir a cinco minutos da hora combinada para o encontro que o seu sapato vermelho preferido desapareceu na bagunça do armário? A noite estará perdida (seja você a dona do sapato, ou o namorado da dona do sapato). Organizar leva tempo, não só na vida de modo geral, mas, principalmente, com os armários. A seguir, os principais passos para essa empreitada.

Armários do quarto

- Comece separando as roupas que serão penduradas daquelas que ficarão dobradas.
- Organize as roupas por cores próximas, ou, ao menos, as básicas (preto, branco, bege, cinza) de um lado, e as coloridas e estampadas de outro.
- Agrupe as roupas por categoria (social, trabalho, dia a dia) para facilitar a busca quando precisar se vestir às pressas, ou no escuro.
- Se você não tem a sorte de morar em Salvador, planeje uma reorganização do armário de acordo com as estações do ano. No calor, deixe à mão biquínis, shorts e regatas; guardando no maleiro as peças de lã (em sacos escuros com respiro, para evitar o mofo e o bolor). Nos meses de frio, troque as peças de lugar.
- Use organizadores de gavetas do tipo colmeia para meias, lingeries e *underwear*. Facilitam o manuseio no dia a dia e otimizam espaço.
- Guardar roupa de cama e banho no armário do quarto é uma alternativa que demanda muito espaço e compromete a disposição das roupas e acessórios. Se for a única opção, vale a pena investir no equipamento de compressão a vácuo (uma bomba adaptável ao aspirador que comprime as roupas dentro de uma embalagem plástica).

- Certifique-se quinzenalmente de que não há umidade nas partes mais internas do armário, principalmente se estiverem abarrotados de roupas. Com a falta de ventilação, bolor e traças se proliferam muito rápido. E contra bolor e traças, a receita é: para não aparecerem, sachês de parafina ou naftalina; depois que aparecem, limpeza dos armários com terebintina, muito sol nas roupas e uma boa lavanderia à disposição.

Armários da cozinha

- Arrume as prateleiras e gavetas de acordo com o uso dos itens: o que é mais importante no dia a dia deve ficar no lugar de melhor acesso para você. Por exemplo, talheres de refeição, que são usados toda hora, na gaveta de cima; enquanto escumadeiras, conchas e facas de cozinhar podem ficar na segunda gaveta; panos de prato e guardanapos na terceira, e assim por diante.
- Potes plásticos e de vidro para uso diário devem ser guardados empilhados e tampados. Essa combinação é muito importante, porque na hora da precisão é muito, muito chato ficar brincando de jogo de encaixe até adivinhar qual tampa é de que pote.
- Disponha as panelas conforme a frequência de uso. Se a panela de pressão só é usada uma

vez na semana (boa dica: cozinhe o feijão da quinzena e congele em potes herméticos com a porção diária), fica no fundo do armário. Se você vai comer macarrão dia sim e outro também, o escorredor não pode ficar na prateleira superior com um monte de outras coisas por cima.

- Separe apenas a louça usada no dia a dia e deixe na prateleira mais à mão. Você mora sozinho? Dois pratos de cada tipo, dois copos e duas xícaras são suficientes. Já o conjunto de louça mais bacana, completo, que só sai do armário em ocasiões especiais (inclusive aquele jantar especial que você pede no japonês, para desfrutar sozinho na frente da TV!) pode ficar em um armário menos acessível.
- Organize os alimentos na despensa pela data de validade para o consumo, principalmente se você tem o hábito de fazer compras de mês e estocar quantidades de perecíveis, como grãos, molhos e óleos.

A vingança dos *gadgets*

De uns tempos para cá, minha irmã sempre arranja uma desculpa para dar uma passadinha naquela loja perto do trabalho, especializada em coisas para casa. A gente entende... Afinal, acabou de juntar os trapinhos e está curtindo cada detalhe da decoração do apê. Quem vai culpá-la? O duro é que, nessa de fazer companhia, vou enchendo o carrinho junto e, no fim, já estou acumulando mais de uma centena de inutilidades domésticas, todas de dimensão moderada o suficiente para serem "esquecidas" em algum canto do armário depois de comprovarem sua absoluta superficialidade.

Nesses momentos de *mea culpa* pelas tontices que já comprei, sempre penso em Oscar Wilde: "Posso resistir a tudo, menos à tentação." Ok, ele era irlandês e viveu no século XIX, quando ninguém falava em consumo desenfreado e escassez de recursos naturais... Da minha parte, tento aliviar, reciclando tudo, seja com um novo uso para o objeto ou, de fato, destinando-o como descarte de matéria-prima.

Como já organizei várias mudanças ao longo dos meus pares de décadas (suficiente saber que dá uma média de uma mudança a cada 3,6 anos), desenvolvi *know-how* para lidar com o supérfluo: tudo o que você não mudou de lugar ao menos uma vez em um ano, pode ser substituído. Se era moda, já passou; se era vivo, já morreu.

Assim, aquela caixa de madeira para 42 saquinhos de chá que eu precisei comprar porque era tudo de chique, hoje virou suporte *cool* para o meu monitor (eu nunca tomei chá e não tive tanta visita que apreciasse a bebida assim). Destino menos nobre tiveram as forminhas de empada que eu providenciei na minha fase dona-de-casa-nova-que-quer-cozinhar (e não sabe como é impossível fazer empada!): esquecidas no fundo da caixa de brinquedos dos meus sobrinhos, servindo de molde para massinha de modelar!

Mas é claaaaaro que continuo incurável. Semana passada, fui apresentada a uma forma de gelo americana que vem com uma tampa deslizante, própria para facilitar o armazenamento no freezer, evitando que o gelinho da minha bebida fique com cheiro de comida. E o melhor, que o vendedor nem fez questão de me dizer: evita que a gente queime a mão no gelo na hora de soltar as pedrinhas! Como ninguém pensou nisso antes?! Os *gadgets*, mais uma vez, riem de mim.

Dicas

Itens supérfluos que são bacanas de ter em casa

No eterno estilo Chanel, referência indiscutível, o que conta muito é a composição dos acessórios. Do sapato bicolor à bolsa 2.55, você bate o olho e lê: c-l-a-s-s-e. E mesmo que você não entenda nada de moda, e nem precise saber que em Chanel os nomes em números são sempre menção à data de criação das peças, você não fica imune ao estilo. Com a casa, acontece o mesmo. Móveis assinados servem para esse propósito, assim como as obras de arte na parede, e são o similar do vestido Chanel que toda mulher sonha em ter. Os acessórios, mais acessíveis e igualmente marcantes, correspondem na sua casa aos itens descolados de bar. Ah, e tudo bem se você nem bebe... Ter, nesse caso, é que faz a diferença, pois mais cedo ou mais tarde surge a oportunidade especial de usá-los. Tim-tim...

- Abridor de garrafas (indispensável para as cervejas importadas, superpremiadas).

- Abridor de latas (não dá para bancar o gourmet com aquele modelinho chinfrim de latão que fica na gaveta da cozinha).
- Adega de vinhos (investimento recomendado só para quem é muito fã da bebida. São um charme, mas ocupam espaço e consomem eletricidade).
- Balde de gelo (um pequeno para mesa e outro maior para caber garrafa).
- Bandeja (uma maior para servir de aparador sobre pufes e mesinhas laterais, se você não tem um aparador; e uma menor, para servir o copo ou uma xícara individualmente).
- Bomba a vácuo, para tampar o vinho depois de aberto (o melhor antídoto contra o desperdício pra quem mora sozinho e não quer comprar meia garrafa).
- Canecas de cerveja (pelo mesmo motivo do abridor de garrafas).
- *Cooler* e *champanheira* (na falta de espaço, fique com a *champanheira* que serve para armazenar garrafas e latinhas).
- Coqueteleira (ou um outro jeito para preparar caipirinha).
- Corta-gotas para garrafa de vinho (o acessório mostra conhecimento do assunto e, de quebra, salva suas toalhas de mesa).

- Decantador para vinho (os de cristal, preferidos dos *sommeliers*, são caríssimos. Um modelo de vidro com borda fina faz bonito também).
- Facas especiais (para queijo, para patê, para pão).
- Garrafa de pressurização para bebidas (na linha do luxo, como a adega).
- Garfinhos para aperitivo (o queijo pode ser o de padaria, mas a apresentação do petisco, não...).
- Hashis de bambu ou melanina (a comida japonesa do *delivery* fica com outro sabor, acredite).
- Misturador de bebida (no aperto, improvise com os hashis).
- Pinça de gelo (não existe outro jeito higiênico e bonito de servir o gelo).
- Porta-aperitivos (cumbucas avulsas também servem, mas só se forem do mesmo tamanho e estilo, senão, fica com cara de improviso).
- Porta-copos (lembrando que, em uma festa, eles são seu cartão de visitas).
- Saca-rolhas (há modelos ultrassofisticados. Teste-os, para saber se vai conseguir usar! O que vem com o cortador de lacre é indispensável).

A hora da faxina

Junto com a delícia de ser dono da própria casa e do aprendizado em administrar as próprias contas vem o martírio de faxinar. Da lista de afazeres domésticos que vêm no pacote, essa missão é, de longe, a mais chata, disparada em primeiro lugar. Faxina é daquele gênero de obrigação que você pode até adiar, mas só vai ficar pior no dia em que for preciso encarar. A Luci, que é minha amiga mais religiosa, acha que o assunto é seríssimo e que, inclusive, o pecado da procrastinação foi elaborado levando em consideração o corpo mole que muita gente faz na hora de limpar a própria casa. Ela até cita a humildade e a disciplina, duas das sete virtudes que a Igreja oferece, como solução para o pecado da procrastinação... Eu não sou religiosa nem nada, mas, como pecado não é privilégio dos católicos, não vacilo com a procrastinação. Água e sabão nela!

Pôr a mão na massa, isso já é outra história! Já fiquei sem ajudante do lar por alguns períodos e tenho recordações bem pouco louváveis e um tanto doloridas. Limpar, esfregar, escovar e ficar cheirando à água sanitária é a minha versão de inferno na Terra e, acredite, será a sua também se virar rotina. Às vezes, quando bate aquela vontade cotidiana de reclamar do trabalho, do cansaço e do computador, respiro fundo e lembro que meus dedinhos que tamborilam ágeis no teclado são um desastre no tanque... portanto, *v'embora* garantir o salário justo e digno para a ajudante de casa.

O problema é que mesmo que o serviço de limpeza vá ser terceirizado, você precisa estar por perto de vez em quando e, principalmente, antes de ele começar para determinar como quer que tudo seja feito. Ah, mas tem um detalhe, a maioria das pessoas como eu e você, que não pega no batente do balde e do rodo, não sabe exatamente isso: "como" e "o que" usar para deixar tudo brilhando!

Bem, então, bem-vindo ao time dos homens e mulheres que não vivem sem as ordens de uma faxineira. Admita logo no início dessa relação que o que você precisa é de alguém para dizer como tudo deve ser limpo. Mas não se esqueça, principalmente para você próprio, quem é que manda no barraco! O primeiro passo é dar a impressão que fará tudo do jeitinho que ela mandar, comprando a lista de produtos recomendados por quem "entende do assunto". A medida, contudo, para que essa sua ajudante da limpeza, faxineira, empregada doméstica ou secretária do lar (como estiver em moda chamá-la) não domine você é manter em casa apenas a quantidade restrita dos produtos em uso, sem sobra nem estoque, de forma que ela precise gerenciar os recursos em nome do seu próprio trabalho. É isso, ou, em breve, vou encontrá-lo no supermercado em busca do sabão em pó com partículas ultrassônicas, acreditando que só isso é que pode deixar o colarinho da sua camisa branca mais branco ainda... Além da ida ao supermercado, prepare o bolso para a faxina. Você não vai ter paciência para fazer a conta, por isso eu já me adiantei (a paciência é uma das sete virtudes que a Luci comentou): 35% dos gastos de um solteiro com a sua casa estão nos produtos de limpeza! A primeira razão é porque esses produtos custam caro. A segunda razão é porque a faxineira não se preocupa em economizá-los. E a razão definitiva é que os fabricantes desses produtos sabem disso e, desconfia-se, tornam as fórmulas cada dia mais fraquinhas para a gente usar bastante do produto...

Sim, sim, sempre sobram alternativas naturais aos combinados químicos. Bórax e suco de limão estão na composição da maior parte delas. São mais ecológicas, provocam danos menores aos revestimentos e dão o triplo de trabalho: você precisa comprar os ingredientes, preparar a fórmula e ensinar a faxineira a aplicar. Ai, que preguiça... não é que a Luci tem razão?

Vire a página para saber
como entrevistar uma empregada.

Dicas

Como entrevistar uma empregada

Funcionários domésticos são um item em extinção. Em toda economia avançada essa é a regra, porque a melhor divisão de recursos resulta (ou deveria resultar) em melhores condições de formação para todos os cidadãos e, assim, o trabalho doméstico, chato e pouco valorizado, deixa de ser a única opção de emprego, como já foi para muita gente. Além desse "dificultador" na oferta de mão de obra para a limpeza e a manutenção diária da casa, há a questão fundamental que é o critério de recrutamento e seleção feito única e exclusivamente por você mesmo. Sem teste psicotécnico ou especialista em RH, é você quem vai escolher e avaliar os aspirantes a funcionário do seu lar. Confira o roteiro básico de perguntas para quem é novato na função de entrevistador.

- **Dados pessoais.** Nome, RG, endereço e telefone de contato são imprescindíveis na apresentação. É uma forma de você checar se as informações fornecidas pela pessoa são realmente verdadeiras.

- **Experiência com o trabalho.** Aqui é importante ter a maior objetividade possível. O emprego é para cozinhar? Então, pergunte o que ela sabe preparar e também o modo de preparo. O ideal, inclusive, é que ela cozinhe um prato para você, antes de ser contratada. A intenção é que ela limpe a casa toda? Nesse caso, pergunte como ela faz para limpar o espelho do banheiro, por exemplo, aí pode perceber se é ou não familiarizada com o assunto. Lavar e passar roupa são atribuições dessa funcionária? Mostre o tipo e a quantidade de peças que costuma ter para o serviço, pois esse tipo de especialidade não é toda empregada que tem (melhor do que descobrir a inexperiência dela só na hora de vestir sua melhor camisa).
- **Hábitos.** Pergunte se a pessoa fuma e o que costuma comer. Um funcionário vegetariano em um lar de macho carnívoro, por exemplo, vai fazer o quê? Será preciso abastecer a despensa, combinar uma verba para refeição ou ajeitar para que a funcionária traga sua marmita de casa. Ou não contratar a pessoa, lamentavelmente, por uma questão de incompatibilidade de hábitos: um fumante na

minha casa, diariamente, seria suicídio para ambos. Não dá para tirar de perspectiva que um funcionário doméstico é alguém que, claramente, vai conviver dentro da sua casa, e, portanto, abrir sua geladeira, usar o banheiro, manusear os utensílios da cozinha, passar sua roupa. Portanto, questões de saúde e de higiene são primordiais nessa seleção.

- **Regras.** O empregador precisa deixar claro nessa entrevista também o que espera do funcionário em termos de horário. Se a empregada precisa chegar pontualmente às oito horas, porque você quer passar as coordenadas pessoalmente, diga isso com todas as letras e também o que vai acontecer se ela se atrasar. Se você tem o costume de deixar tudo por escrito, certifique-se de que a funcionária tem a habilidade necessária de compreensão de texto. Deixar as regras claras e registradas em carteira (se for o caso) é uma garantia principalmente para o empregador.
- **Salário.** Diga claramente quanto pretende pagar pelo serviço, bem como os extras, como condução e impostos. A legislação brasileira não é a mais detalhada sobre o serviço doméstico e deixa margens para maus procedimentos, tanto do lado do empregado, quanto do empregador. Uma dor de cabeça contornável,

se você for o mais precavido possível na contratação. Por isso, inclusive, o mais recomendável é fazer o registro em carteira e manter o hábito de pedir recibo do pagamento à funcionária. Pode ser um recibo simples, feito no computador mesmo, mas o importante é que contenha os seguintes dados: valor do salário por extenso, valor da condução discriminado, valor do desconto do INSS, valor total (líquido) a receber. Abaixo dos valores, acrescente um texto assim: "Eu, (nome do funcionário), portador do RG (número), recebi o valor de R$ (valor líquido), referente aos serviços domésticos prestados no período de (dia e mês correspondente), para (nome do empregador). Por ser verdade, assino declarando também que nada mais tenho a receber ou reivindicar por estes serviços." Recibos de férias e 13º salário devem seguir o mesmo padrão.

Esticando o salário

Glamour e curtição no seu devido lugar, sobra uma coisa chata que não dá para deixar de falar: o custo de ter a própria casa. Mesmo que a casa não seja propriamente própria, ainda que vá ser dividida com alguém ou parcialmente patrocinada, não dá para reinventar a aritmética: a SUA casa terá contas que serão SUAS contas!

O que fazer com essa questão nada mais é do que achar a melhor fórmula para somar, subtrair, dividir e, quem sabe, sobrar algum no fim do mês.

Rodrigo, publicitário inovador, quando foi morar com a Natália se revelou um pouco retrógrado. A manicure e a depiladora da menina eram um luxo, mas os 62 canais na TV a cabo do quarto não?! Ele que tirasse a grana das baladas e viagens, porque ela é que não ia economizar a beleza dela, não! Acabaram achando uma saída justa: despesas pessoais ficariam na privacidade, como manda o bom-senso; as contas de casa rateadas e, para as saídas conjuntas, criaram um fundo mensal. O engraçado foi o operacional disso tudo: deixavam um envelope na carteira com o dinheiro do mês para os extras, se acabava o dinheiro, acabava o lazer... Quantas vezes não contavam moedinhas para o cinema! Ui! Precisa ter muito autocontrole para uma política financeira assim. Para o Rô e a Naty funcionou muito bem, ela continua linda e eles até têm TV com HD. Eu já teria boicotado o esquema na primeira semana, desviando verba para o envelope em nome do sagrado japonês de toda sexta!

Quando a vida na casa nova começa a dois, é mais simples estabelecer as regras, como um contrato pré-nupcial mesmo. Mas, e quando um dos consortes é que vai de mala e cuia para o endereço do outro? A Cris, que é minha amiga apesar de já ter nascido advogada, é a favor, nesse caso, do inventário registrado em cartório. Mais romântico, impossível! Quando aconteceu comigo e o namorado veio morar como marido, preferi a sugestão da doce, porém não menos prática, Suzana: calculei o quanto gastava para morar sozinha, pagando contas, aluguel e supermercado, e o novo hóspede do meu lar abriu uma poupança nossa onde depositava mensalmente valor equivalente ao que eu continuei pagando sozinha. No final, as economias foram muito bem usadas para a compra conjunta de um apartamento nosso. Desconfio que a estratégia serviu também como *test drive* para o casamento... Suzana, cupido, acabou pegando meu buquê – caso do acaso.

Vire a página para descobrir
como preparar o seu orçamento doméstico.

Dicas

O bê-á-bá do orçamento doméstico

Até aqui, tudo bem você saber apenas o quanto ganhava por mês, mas agora, com sua própria casa, a questão é saber exatamente quanto você gasta por mês. De acordo com a Fundação Getúlio Vargas, que é referência nacional em estatísticas sobre os hábitos de consumo dos brasileiros, 30% dos gastos-padrão da população são com habitação e moradia. Portanto, fazendo parte desse grupo estatístico, melhor não gastar a mais com os juros das contas pagas fora do prazo, por exemplo. Pôr no papel esses custos é a única forma de saber o valor exato que a manutenção de uma casa custa. E isso não é garantia para não acabar no vermelho, infelizmente! Mas pelo menos ajuda na hora de identificar onde o dinheiro vazou. A fórmula do orçamento doméstico é a mais simples possível: de um lado o dinheiro que entra, do outro o quanto sai e, no fim, o que sobra. O bom, além de organizar as datas de pagamento, é que, quando você não fecha o mês no vermelho, essa planilha pode ajudá-lo a economizar também. Para otimizar esse controle de gastos, aí sim, é preciso mais do que duas colunas no seu orçamento, discriminando item a item, dentro de uma lista mais ou menos padrão para todo mundo. Confira.

- Enumere as despesas, as fixas como aluguel ou prestação da casa, condomínio, luz, água, gás, telefone, e, na sequência, as despesas variáveis, como a prestação da geladeira, por exemplo. Some tudo, inclusive os centavos. O valor deve ser inferior ao seu rendimento. Se for maior ou igual, isso significa que você está em déficit e precisa cortar gastos em casa. Com as despesas fixas, isso significa reduzir o consumo, como deixar para passar roupa apenas uma vez na semana e, assim otimizar o uso da eletricidade. Com as despesas variáveis, reduzir quer dizer, em alto e bom som: parar de usar o limite do cheque especial!
- Expanda a organização do orçamento para os outros itens da sua rotina: comida, estudo, saúde, cuidados pessoais, transporte, vestuário, lazer. A composição básica, fora os 30% com a moradia, é 25% em alimentação, 12% em saúde e cuidados pessoais, 8% em estudos; 15% em transporte, 5% em vestuário, 5% em lazer. Os ajustes em cada item são sua forma de controlar excessos, redimensionar os ganhos e, por que não, economizar.

- Gaste com moderação. Não precisa deixar de conhecer o restaurante bacana do mês, mas dá para economizar um pouco no supermercado e na padaria – as despesas que pesam no item alimentação. Também não é para deixar de ir à manicure, mas que tal aproveitar os preços do salão durante a semana, que são mais em conta do que no sábado? Os 12% dos cuidados pessoais vão render...
- Otimize as despesas fixas. Esse tipo de gasto é como dieta, você nunca mais vai parar de fazer. Por isso mesmo, quanto antes aprender a conviver com contas em datas fixas, melhor chance tem de aprender também a economizar. Ah, tostões... você dirá. São mesmo, mas se você guardá-los (por exemplo, em um cofrinho simpático, como aqueles da infância), somados no dia a dia fazem uma superdiferença. Um exemplo: se ao invés de passar na padaria e comprar uma garrafa de água, a um custo estimado de R$1,00; você carregasse a garrafa com a água do filtro a um custo de R$0,18 (considerando a média de dois litros de água/dia), isso representaria uma economia de 478% em litro, ou R$1.226,40 por ano para você gastar como quiser (fora a diminuição de lixo plástico)!

Mi casa es su casa

Tem um momento na sua agenda, quando você já está morando na sua casa nova há um tempinho, em que os amigos não saem de lá... parece até que moram lá! Empolgação, claro. Você conquistou seu canto e esse é um excelente motivo para comemorar em grande estilo. E se você for o primeiro da turma com endereço próprio, então, a farra não tem hora para acabar.

Como não ser antipático com os amigos e colocar limite no oba-oba que virou a sua cozinha é o tema da conversa... pois, cedo ou tarde, você vai se encher de recolher copos vazios pelos cômodos, isso vai! Eu tenho a sugestão da mais-valia: o quanto vale seu "trabalho" em receber todo mundo e o quanto "pagam" pela temporada na sua sala de estar.

Não é que você vá cobrar para receber visitas, claro. Se bem que o Tande fez isso, quando montou o apartamento e virou lenda. Funcionava como a consumação mínima que se deixa nos bares (era bem mais mínima...), com a diferença que os convidados ainda traziam sua própria bebida. O Tande entrava com a casa e com as batatinhas que sobravam de um evento para outro – *disgust* total para os meus padrões domésticos, mas totalmente adequado aos amigos botequeiros dele que se reuniam mesmo era para falar de futebol e jogar pôquer.

Mas voltando à mais-valia, tomada sem licença de Marx, enquanto seus amigos entram com a diversão, tá valendo liberar a casa para a estreia. Alegria enche a sala com menos custo do que mobília. E festejar é sempre uma bênção: o novo apê, a troca da mobília, o emprego sonhado, o chute no emprego odiado, a volta do namorado, o fim da faculdade, a gravidez, o final de semana chegando... motivo bom para curtir a vida é que não falta. Além do que, depois a moda passa e você é que vai estrear a casa de outro amigo.

Só para não perder o controle, vale dar uma organizada no espaço, caprichar no aromatizador de ambiente e tirar objetos das mesas para os convidados poderem apoiar os copos (com porta-copos, claro!). Vale também racionar a liberdade à sua cozinha (que é o coração sem ordem da casa e só quem é muito, muito íntimo, tem direito de circular por lá), e deixar a muvuca só na sala, que já está de bom tamanho para arrumar depois.

E ao menos que você não deseje um hóspede permanente, como aquele amigo que vive brigando com a mulher, ou seu primo do interior que adora passar os finais de semana e todos os feriados na cidade, melhor decorar a sala com poltronas individuais, no lugar de sofá, além, é claro, de manter no quarto uma única cama de casal.

Saiba agora como
organizar *aquela* festa.

Dicas

Organizando a festa

Não importa a razão – beber com os amigos, fazer uma social com a mulherada, rever a turma da faculdade – receber em casa é sempre um evento justificável, e até o mais chato dos vizinhos também tem seu dia festivo. É também uma das coisas mais prazerosas para se fazer, desde que, é claro, você curta ser o anfitrião... porque receber visitas dá trabalho. O tamanho e o tipo da festa vão determinar a intensidade do trabalho, o volume dos preparativos e o custo. E o tamanho e o tipo da sua casa é que vão determinar o estilo da festa. Ou seja, encarar uma balada em um apê de 50 metros quadrados é, na certa, reclamação do síndico na manhã seguinte, mas, por outro lado, que mal há em comportar ali um jantar para meia dúzia? E tudo bem se não tem lugar sentado para todo mundo, pois existem várias opções em petiscos e entradinhas *finger food*, que, em bom português, são regalos para comer com a mão e se esbaldar. Festa que é festa vai acontecendo, e é verdade o que dizem por aí: o povo vai chegando, a música boa entoa a conversa que esquenta se tem bebida e comida, e por aí vai. Com algum planejamento, então, o que é bom fica melhor: não falta munição aos convidados (e também não sobra, porque desperdício é muito cafona), ninguém precisa sair correndo para buscar cerveja quente em algum lugar e, melhor, o anfitrião também se diverte, principalmente se já deixou combinado com a diarista uma faxina extra pro dia seguinte.

- **Bebidas.** O mais importante é levar em conta que há convidados que não bebem e, por outro lado, outros que bebem muito. O ideal é oferecer cerveja ou chope e um tipo de vinho (um bom espumante sempre cai bem). Ingredientes para caipirinha à mão também são simpáticos, mas desde que você tenha alguém para bancar o *barman*, porque abrir a porta, sorrir e cortar limão, não dá!
- **Comida.** Nem pensar no velho truque de chamar a turma para o churrasco e só comprar a cerveja, achando que os convidados devam entrar com a carne e a brasa. Mesmo que você faça o gênero "alguma coisa para tapear o estômago", nem pensar em abrir a porta sem ter à vista pelo menos uma tigela com chips e

amendoim. Quando se dá uma festa em casa, o melhor mesmo é preparar o menu de véspera, e não precisa fazer cara feia porque não se trata de nada tão elaborado assim (festa de arromba *indoor* só com serviço de bufê contratado, mas isso é assunto para o capítulo 2.000 da sua vida de dono de casa!). Oferecer uma cesta de pães, preparar patês, ajeitar uns frios e cortar uns legumes frescos é um bom cardápio porque mostra informalidade com bom gosto, e demanda da sua parte o mínimo dos planejamentos.

- **Quantidades.** Em relação às bebidas, compre 1 litro de cerveja por convidado homem e 500 ml por mulher, 1 garrafa de vinho a cada 4 convidados, 250ml de refrigerante ou suco por adulto, 10 a 15 salgados por pessoa, 60g de bolo ou 6 docinhos para cada um.
- **Som.** Se o grupo é coeso, a trilha sonora é a da preferência nacional, no caso, o que vocês curtem. Se a turma é eclética, vá de pop no volume "som de elevador": dá para conversar, sem interferência. Deixar um DVD clássico rolando sem som também combina para distrair – vale tudo, de seriados clássicos e desenhos animados aos melhores gols da seleção brasileira. Um comentário aqui, uma risada ali e pronto, você tem conversa para a noite inteira.

- **Apresentação.** Luz e cor são a alma de qualquer recepção. Não dá para receber para uma festa com a cara de todo dia, mas também não tem a ver montar a casa de tal forma que ninguém se sinta à vontade. Luz indireta de abajur, um arranjo de flor discreto mas festivo, guardanapos coloridos, copos bacanas e pronto, já tem outra cena na sua sala. A disposição dos comes e bebes também é importante. Setorize petiscos em uma mesa de centro ou aparador, e do outro lado da sala faça o mesmo com bebidas e copos – dessa forma todos circulam numa boa, sem precisar ficar aquele bolinho de gente se amontoando em volta da comida.

Cuidar do que é seu

O Fernando sempre foi o típico carioca. Da faculdade para a praia (ou será que era o contrário), a Barra no fim de semana, férias em Búzios. Desde que o mundo é mundo é assim que caminha a humanidade naquela cidade que é maravilhosa, com seus cariocas mais ainda. Quis o destino profissional que o Fernando precisasse virar paulista. Isso foi há 20 anos e até hoje ele lamenta a troca da cidade. Não pela ausência da praia (o que para a maioria dos mortais seria uma lástima bem concebível), mas sim pela falta de ar-condicionado nas casas e apartamentos de São Paulo. Acostumado ao ar frio no verão e aquecimento no inverno, o Fernando quase enlouqueceu nos primeiros anos da mudança. Ele vivia em imóveis alugados e com a grana curta, de maneira que nunca conseguiu instalar o equipamento: nenhum proprietário local aceitava abater o custo do ar-condicionado no aluguel, embora o Fernando argumentasse, com razão, que aquilo seria uma melhoria e tanto ao imóvel.

A situação é comum quando se é locatário: reformas e ajustes são necessários na maior parte das vezes, mas é difícil chegar ao meio-termo de quem vai pagar a conta. E nem precisa ser algo tão supérfluo (eu não gosto de ar-condicionado #prontofalei), não! A Cris morou três anos em um apê sem janela na área de serviço porque o dono do imóvel recebeu assim da construtora e nunca colocou. Janela para quê, não é mesmo? E daí, dizia ele, sobre a roupa no varal que molhava com chuva de vento? Secadora de roupa existe é para isso... A Cris teve muita paciência porque o apartamento era um charme e valia a pena – também porque a casa da mãe dela era a poucas quadras e era simples deixar as roupas para lavar e passar lá (fora que era uma desculpa para comer a comidinha da dona Bete). Mas, veja como tudo na vida é uma questão de prioridade: ela não queria gastar dinheiro para colocar janela na área de serviço, argumentando que o apartamento não era dela, mas investiu uma grana em outro imóvel, também alugado, para colocar janela antirruído no quarto. Por quê? Enfermeira, trabalhava de noite e dormia de dia, logo, precisava de silêncio. Em outras palavras, não tem essa de não investir em você porque o apartamento é alugado! Vai ser sua casa, não vai? E você merece ou não o melhor?

Dicas

Como dar uns "tapas" no imóvel alugado

Certas coisas nunca mudam. Mesmo. Chuva em Ubatuba, o Brasil parar no Carnaval e o locador não querer fazer melhorias no imóvel que você aluga. Você não marca de fechar um negócio importante em plena Quarta-feira de Cinzas, certo? Então por que esperar que locatário e locador joguem no mesmo time? Mesmo com essa desvantagem explícita, morar em um apartamento alugado tem uma série de aspectos positivos, falando puramente de questões estéticas. Quando o imóvel é seu há um zelo excessivo (e compreensivo) em só colocar ali o que há do bom e do melhor, afinal, agregam valor comercial ao seu patrimônio. Mas quando o imóvel é alugado, você está ali de passagem e esse sentimento é mais permissivo na hora, por exemplo, de pintar uma parede inteira de púrpura cintilante... Imóvel alugado é assim como uma tela em branco – você não precisa vandalizar, mas tem todo o direito de carregar a mão. Esse morar descomprometido dá espaço, muitas vezes, a soluções criativas e a improvisos estéticos dignos de cópia.

- O piso está gasto ou não lhe agrada? Esqueça a ideia de trocá-lo, pois o custo com um novo e o quebra-quebra para a troca serão ainda mais inconvenientes nessa situação. Tapetes são uma solução mais rápida e eficaz. Há modelos em vários tipos de tecido e estamparia, com margem de preço bem distinta (os sintéticos, por exemplo, são mais baratos e superfáceis de limpar). Confira a metragem exata do ambiente e, de preferência, faça um desenho da disposição planejada dos móveis: você pode se surpreender como um pequeno tapete vai mudar seu humor sobre o piso.
- O imóvel é mais caro porque tem garagem, mas você não tem carro? Não descarte a proposta por isso. Hoje em dia lugar sobrando para guardar automóvel é moeda de troca no mercado paralelo dos condomínios. Vale dinheiro vivo! Mas como a prática não é legalizada (mas totalmente aceita), não há contrato formal, por isso, o grande risco é o calote. Já alugar vaga para gente de fora do condomínio não pode mesmo e dá processo. Contudo, se esse terceiro for, por exemplo, um parente seu ou muito amigo que mora na mesma rua, não

tem problema porque conta como morador. Aí é só acertar o preço da vaga, entre família.

- Faltam armários no apartamento. Esse é o típico investimento que um locatário não deve fazer, por um motivo simples: custo. O armário barato tem qualidade duvidosa e o risco, por exemplo, de despencar a louça ou de estragar a roupa, será todo seu. O armário de qualidade e sob medida, para ficar bacana no imóvel, é caro e você não tem como levar depois que sair de lá. A dica é usar aramados desses que os lojistas têm nos estoques. Versáteis e modulares acompanham você para qualquer lugar e rendem divisórias internas bacanas em diferentes tipos de armários definitivos posteriormente. Outra opção são as araras (aquelas armações de plástico e metal) para pendurar roupas. Em ambos os casos, um varão no teto e um tecido legal fazem às vezes de camarim no seu quarto.
- O azulejo da cozinha ou do banheiro é tenebroso. Outro problema estrutural, difícil de eliminar por conta do custo e da dor de cabeça da reforma. Camuflar é a primeira solução: estude uma composição de cores para o ambiente de maneira que o azulejo fique integrado ao resto da decoração. Se o problema não for apenas a cor, mas também o formato

das peças, então camuflar não vai resolver. Esconda a feiura com camadas e camadas de tinta própria para azulejo, que não descascam sob a ação da umidade.

- A sala é minúscula e o quarto é enorme. Inverta a planta do imóvel apenas com a disposição de móveis, pintura e decoração. Use biombos decorados, vasos com plantas e estantes sem fundo para delimitar os cômodos e criar zonas de passagem. O mesmo raciocínio pode ser usado para integrar sacadas à área da sala, mas, nesse caso, é preciso criar também a noção de continuidade no piso. Se a sala tem taco de madeira, por exemplo, vale colocar sobre o granito da sacada aquelas réguas de madeira avulsas, usadas em deques e jardins comerciais, que podem ser montadas conforme o espaço disponível, com um sistema simples de encaixe entre as tábuas.
- A lavanderia fica totalmente exposta no quintal. Isso realmente compromete o conforto e a estética do local. Mas não é nada que uma cerca de bambu, comprada pronta em lojas de jardinagem, não resolva. E se ao redor dessa cerca você colocar uns vasos de plantas altas, como bambu ou pata-de-elefante, o quintal vai ficar um charme.

O lado B de morar sozinho

Quarta irmã de uma família italiana e única mulher da família, a Josi sempre sonhou com o dia em que poderia morar sozinha. Nasceu com essa vontade: a delícia de fechar a porta ao sair pela manhã e, quando voltar à noite, encontrar tudo exatamente no mesmo lugar que deixou... Quem tem irmão xereta e mãe controladora entende perfeitamente do problema. Morar sozinho é, sem dúvida, o nirvana da privacidade.

Josi fez um tipo de estágio como dona de casa quando entrou em uma faculdade em outra cidade e se mudou para uma república. Tá certo que não morou sozinha e não era dona da casa inteira, é verdade, mas apenas da cama e da prateleira da geladeira. Coitadinha, dividiu a casa com mais três meninas: uma que era a bagunça em pessoa, outra que regulava até as gotas do adoçante e a terceira com defeitos suportáveis para, ao menos, virar amiga pelos quatro anos que durou a faculdade.

Não sei se foi por conta da experiência do lar, ou da carreira como administradora, mas a Josi até hoje é um exemplo: nunca deixou um produto vencer a validade, não tem um copo trincado no armário e sabe exatamente onde estão guardadas as pilhas para a lanterna quando falta luz. E é ela quem faz as compras e guarda tudo. A faxina e as roupas para passar são terceirizadas, mas, claro, coordenadas por ela. Nada falta ao seu controle (o que é raro quando a gente tem uma casa, pode acreditar). O único problema é não ter ninguém para ajudar a fechar o zíper do vestido azul de festa.

Porque morar sozinho tem o lado totalmente genuíno da privacidade, que é bom e todo mundo gosta; mas traz também essa coisa angustiante de precisar tomar todas as decisões absolutamente só, com sua consciência e pronto! Falo de morar sozinho mesmo – não em um flat ou em um desses condomínios descolados com lavanderia e cyber café, mas em um casulo, uma concha, seu ponto no universo para onde chega o jornal e a correspondência que vai se acumulando na porta quando você não está... Uau, é preciso coragem para estrear nessa experiência dupla: ser um dono de casa pela primeira vez e morar sozinho pela primeira vez!

O Igor vai dizer que estou exagerando. Que nada é tão dramático assim... Mas veja a diferença: ele já foi casado três vezes e em todas elas se mudou para a casa da namorada. Agora montou seu apê de solteiro, mas já tem mais estratégias domésticas do que minha avó, que desde os 16 anos mora no mesmo endereço com o mesmo marido e conhece a própria sala de estar há 52 anos!

De acordo com o Igor, o segredo do sucesso para morar sozinho é saber escolher onde morar. Não um flat, impessoal. Não uma casinha de vila – muito privada para os solteiros a fim de aprontar e muito exposta para os solteiros a fim de privacidade.

Veja a seguir o que não pode faltar
na caixa de primeiros socorros.

Dicas

Farmacinha de plantão

A sabedoria popular diz que o seguro morreu de velho. E eu digo que quem duvida disso é porque nunca precisou de um antiácido na madrugada depois da boêmia, e acabou sozinho na ronda das farmácias de plantão. Deprê total... Manter uma caixa de primeiros socorros em casa é item de necessidade básica, como um vinho na geladeira e papel higiênico extra no banheiro. Claro que com pílulas todo mundo deve tomar cuidado e fugir da automedicação, mas, hipocondríacos de lado, levante a mão quem não tem suas muletas químicas contra a insônia ou a cólica e a dor nas costas... Ah, cada um sabe a dor de ser o que é (...) e isso é com você e seu médico. O parágrafo aqui é sobre a sua politicamente correta farmacinha doméstica. Além de conhecer os itens que a compõe, é importante escolher bem o lugar onde guardar esses medicamentos, pois condições ruins de ventilação e umidade podem comprometer a eficácia dos remédios. Arrumá-los em uma caixa de papelão duro, sem tampa, é uma boa alternativa: prática porque acomoda sem problema embalagens de tamanhos diferentes; e barata, porque se algum frasco vazar, por exemplo, a substituição da caixa é simples. Outro detalhe é manter essa farmacinha fora do alcance das crianças, inclusive daquele sobrinho da sua namorada que aparece só de vez em quando. Intoxicação por medicamento é algo que, com certeza, você não quer no seu currículo. E, por fim, manter o hábito de verificar os prazos de validade dos produtos de seis em seis meses. Senão, aquele antiácido reservado para a próxima bebedeira não vai ter muita serventia...

- Algodão esterilizado
- Analgésico para dor de cabeça
- Antiácido
- Anti-histamínico para alergias e náuseas
- Antisséptico
- Antitérmico
- Bolsa térmica (gelado e quente)
- Curativo adesivo
- Gaze
- Pinça
- Pomada de arnica
- Termômetro
- Tesourinha com ponta
- Soro fisiológico

De papel passado

Os economistas chamam de custo de oportunidade aquilo que você abre mão em nome de outra opção. Traduzindo, é a promoção para pagar em 20 vezes o carro novo com o juro embutido: seu dinheiro renderia mais se aplicado (aquilo que você abre mão), mas aí você não teria agora o carro novo (a outra opção), então, aceita a promoção (o custo de oportunidade). O paralelo para esse assunto no que tratamos aqui é escolher entre ficar com o aluguel razoável ou avançar para a prestação cara de um imóvel próprio.

O mercado imobiliário é um dos maiores termômetros da economia (haja vista a Bolha Americana de 2008), mas se alguém, mesmo on-line, ditasse normas e perspectivas sobre o assunto não ficaria a salvo de ser ultrapassado no instante seguinte pelo mercado, quem dirá, então, em um livro! Quando há linhas de crédito amplamente disponíveis e o preço do aluguel é alto, melhor apertar o orçamento e encarar a prestação de um financiamento para comprar algo seu. Por outro lado, quando há perspectivas de rendimento favoráveis para investimentos de médio prazo, pode ser mais negócio continuar pagando um aluguel moderado e ir acumulando rendimentos para comprar à vista um imóvel no futuro.

O que há de mais prudente em recomendar é que a escolha de um primeiro imóvel para compra ou aluguel seja... prudente. Um imóvel não muito pequeno e nem muito grande, de baixo custo de manutenção e em região com boa liquidez, para que a venda seja ágil se for necessária e o aluguel rápido. Quem já jogou alguma vez *Monopoly* ou a nossa versão *Banco Imobiliário* sabe do que se trata: você gasta suas economias em um título de propriedade e fica torcendo, rodada a rodada, para que os dados permitam ganhar mais notas e se garantir naquele endereço. Ter sua chave própria é um pouco assim. E já adiantando: nada a ver com o *Farm Ville*, do Facebook, pois ali você planta dinheiro e conta com a colaboração dos seus vizinhos/amigos da rede social. A vida não é assim, *baby*... E só quem já passou três horas construindo monopólios no tabuleiro pode entender.

Brincadeiras à parte, a questão é não ser sentimental na hora de alugar ou comprar seu imóvel (tanto na vida real quanto no *Monopoly*). O preço é sempre o que o mercado se dispõe a pagar, incluindo pequenas negociações possíveis quanto a prazo e algum desconto para parcelas adiantadas. Quanto mais você desejar um imóvel fora do padrão do mercado, mais tempo vai gastar na procura e mais caro irá pagar por ele, quando, e se, achá-lo. Contar com os conselhos e a experiência de quem já passou por isso é sempre uma boa possibilidade. Além de acompanhar as notícias de economia e os lançamentos imobiliários na região que lhe interessa.

A Vanessa e o Enzo são um daqueles casais que adoram se mudar. Já viveram em três capitais, compraram um sobrado com quintal e juraram nunca mais voltar, compraram um apê antigo, gastaram os tubos para reformar e, hoje, (por enquanto, amigos) moram em um simpático sobrado alugado de onde fazem tudo, tudo para não sair. Nunca consegui arrancar de nenhum deles dois qual, entre todas essas opções, foi a melhor. “A que cabe no nosso orçamento”, sempre respondem. A fórmula vem dando certo há 15 anos... então, recado dado!

Vire a página para saber o que investigar antes de comprar um imóvel na planta.

Dicas

Armadilhas do imóvel na planta

Construtoras e incorporadoras têm uma das políticas de marketing mais agressivas do mercado: do panfleto nos faróis ao show com comes e bebes no estande de vendas, tudo é feito para seduzir o comprador, você, diga-se de passagem. Cliente vulnerável, muitas vezes em nome da felicidade futura, embalado pelo sonho emoldurado do imóvel decorado em exposição, aceita todos os adicionais embutidos no preço em suaves prestações. De uma hora para outra, estamos todos acreditando na impossibilidade de viver sem a tal automação residencial, como se esse fosse item de primeira necessidade comparável ao *air bag* do carro, só para fazer uma analogia do comportamento influenciável do consumidor (você, novamente!). Comprador de primeira viagem, nem sempre precavido das artimanhas do corretor, você corre o risco de se enforcar antes mesmo de receber as chaves do imóvel. Portanto, cuidado, tenha um advogado por perto para ler os contratos detalhadamente e prepare-se para o ringue.

- **Cobranças de taxas.** É tanta sigla que fica difícil listar. Uma das principais, que algumas incorporadoras embutem no preço da entrada do imóvel, e só se descobre lá na frente, na assinatura do contrato (quando você tem menos probabilidade de desistir do negócio), é a Sati, uma sigla mutante que está associada a uma compulsória taxa de "assessoria técnica" da imobiliária para pagamento de um assessor jurídico. Nesses termos, essa taxa é arbitrária, pois você não pode ser obrigado a pagar para uma empresa para ser obrigado a usar o advogado dela (que advoga PARA ELA) contra você!
- **Corretagem.** Pelo raciocínio direto, quem vende o imóvel é que deve pagar a comissão ao intermediário na transação, certo? Com as grandes construtoras não funciona assim: é comum incluir a corretagem no sinal pago como entrada, quando o correto seria abater esse valor da dívida posteriormente.
- **Impostos.** De acordo com o Instituto Brasileiro de Estudo e Defesa das Relações de Consumo (Ibedec), a construtora só pode cobrar do proprietário o condomínio e o imposto predial e territorial urbano (IPTU) após a expedição do Habite-se (uma certidão dada ao empreendimento pela Prefeitura). Contudo, há construtoras que repassam esse valor, de modo retroativo, e outras que se antecipam,

cobrando a partir da data em que é liberada a vistoria do imóvel.

- **Gastos extras.** O financiamento do imóvel já está planejado e a documentação providenciada, ótimo! Mas para evitar surpresas na sua conta bancária, lembre-se de separar 4% do valor do imóvel para despesas com registro e escritura. E, se a linha de crédito escolhida for com um banco, é bom saber também que eles têm uns extras de última hora que podem balançar seu orçamento. Além das taxas nominais, há tarifas relacionadas com seguro e taxa de administração – portanto, compare esses valores antes de se decidir entre uma instituição bancária ou outra.
- **Atrasos.** Ou chove demais ou de menos, o fato é que são raríssimas as obras entregues no prazo prometido. O consumidor está protegido pela lei, que só abona a construtora em caso de desastre natural, como um tsunami. Mas é raro que peça a rescisão do contrato nessa situação (e a construtora sabe disso, claro). Contudo, se o atraso for realmente significativo, entrar com um pedido de indenização é bem viável – comprovantes de pagamento de hotel, guarda-volumes e taxas extras para estoque dos móveis e eletrodomésticos comprados na loja são provas preciosas nessa hora.

A primeira mancha de vinho no tapete a gente nunca esquece

Virar o anfitrião tem dessas coisas. Para comemorar o aniversário do marido, a Talita combinou um jantar em casa com a turma do escritório do Thiago, porque ele tinha acabado de receber uma promoção e estava todo feliz. Se dedicou no cardápio, a minha amiga, pois até o chefe compareceu ao evento, mas aí, tentando ser gentil com o aniversariante, ela cometeu à mesa a gafe de servir o marido primeiro... Explico: o Thiago agora trabalha com uma empresa chinesa e lá é gafe seríssima não servir o convidado mais importante na frente de todo mundo (assim como entregar o cartão de visitas com apenas uma mão, só para constar... vai que seu próximo cliente é chinês!).

Ou seja, a dona da casa não pode cair do salto nunca. É como diz, com propriedade, a jornalista Chris Campos, tem de ser diva, "diva da casa". Em algumas situações, entretanto, quando os convidados ficam folgados demais (e um tanto mal-educados, principalmente os que bebem além da conta), é preciso sutilmente lembrá-los de que estão em propriedade privada. Falar muito alto perto da janela, estacionar na porta do vizinho e fumar na sua varanda são alguns desses gestos que fazem a sirene tocar.

Os fumantes perderam a guerra: restaurantes, cinemas e teatros do Brasil, assim como já ocorre na Europa, baniram os bastonetes cancerígenos. Infelizmente, na sua casa, por mais que seus convidados sejam bacanas, tem sempre aquele tio do seu marido que vai ficar ofendido caso você peça para ir fumar na rua... Ok, a paz doméstica vale mais. Mas o cheiro na sua sala, você não merece, certo?

Duas dicas vão ajudar nessa missão desagradável. A primeira dica é colocar bicarbonato no fundo do cinzeiro (sim, você deve ter uma peça de museu dessa em algum canto esquecido... a menos que queira improvisar um pires do seu conjunto de louça moderna para esse fim!). A substância impede que as cinzas do cigarro fiquem queimando e exalando o inconfundível e detestável cheiro de cinza de cigarro. Para lavar o cinzeiro, antes de enfurná-lo na prateleira mais alta do armário mais alto (e rezar para o tal tio não vir mais às suas festas), suco de limão é imbatível. E para tirar o cheiro que sobra no cômodo onde o fumante será confinado a tragar seu cigarro (sim, o tio do seu marido tem que aceitar ficar no fumódromo, combinado?), você pode borrifar uma essência cítrica com um aromatizador, para disfarçar na hora. A propósito, qualquer cheiro persistente pode ser combatido com uma limpeza com maçãs ou pinho líquido: as frutas devem ser espetadas com um garfo para exalar aroma e absorver a fumaça do cigarro; já o pinho, dissolvido em água quente fará o vapor se espalhar na sala fechada, trocando o cheiro fedido do cigarro pelo de banheiro público limpo. Melhor considerar não deixar ninguém fumar no seu lar, claro!

Vire a página para descobrir
como tirar *aquela* mancha.

Dicas

S.O.S. manchas

Anfitrião que se preza faz aquela cara de paisagem quando a visita derruba café na almofada. "Relaxa, eu mando para lavanderia depois", arremata, mas por dentro pensando "p.q.p., que raiva dessa perua!". Manchas em tecidos, marcas de móveis nos tapetes, riscos nas paredes – são fatos ocorrentes em uma casa habitada, logo, inevitáveis. Sofrer a cada acidente doméstico desses é se candidatar a uma úlcera e, convenhamos, nem a dona de casa mais neurótica do mundo merece uma úlcera por causa do estofado. Também não dá para ser sócio da lavanderia e pagar para lavar cada guardanapo respingando de azeite. Afinal, o lado sem glamour da vida doméstica, a limpeza, rende assunto há várias gerações na sua família... Portanto, chegou a sua hora de explorar esse conhecimento caseiro com as dicas práticas de D. Nenzinha, a autora de *Sebastiana quebra-galho*, o oráculo da década de 1970, muito antes de o Google ser sequer concebido. Aprenda e passe adiante, que conselho bom é aquele que serve para mais de um, senão é segredo!

- **Manchas no mármore da pia.** Polvilhe sal fino sobre a superfície e faça uma pasta com água oxigenada 20 volumes. Esfregue e enxágue bem. A água oxigenada pura é também indicada para manchas de vinho no mármore, enquanto o limão é o antídoto contra respingos de fruta.
- **Manchas no chão de madeira.** Se for água que pingou, cubra a mancha com óleo de linhaça ou cera amarela e deixe por algumas horas. Se for comida gordurosa, jogue água gelada por cima e, depois água quente com detergente. Vinho e suco de frutas no chão de madeira saem com alvejante bem diluído, mas depois é preciso encerar o local da mancha.
- **Vapor do banheiro.** Para evitar aquele aspecto de manchado no box e no espelho, passe um pano umedecido com glicerina, após a limpeza semanal.
- **Manchas no tapete.** Para bebidas alcoólicas, cubra na hora do acidente com uma solução de água morna e sabão em pó e mande lavar no dia seguinte. Para café e chocolate, enxugar com um pano seco e passar rapidamente um pano molhado em água quente. Para mancha persistente, inclusive de sangue, esfregar gelo no local, apoiando um pano seco por trás, no lugar da mancha.

- **Marcas de pés de móveis no tapete.** Molhar o local e colocar em cima o ferro bem quente.
- **Manchas no sofá de couro.** A limpeza periódica é com água e sabão de coco. Água com vinagre é um bom tira-manchas também, contudo, as manchas mais persistentes só são dissolvidas com uma mistura de álcool e café, na proporção de 2 colheres (café) para 1, respectivamente.
- **Manchas no sofá de tecido.** Esfregar no local uma escova embebida de álcool dissolvido em água resolve a maior parte das manchas. Depois é preciso passar um pano com água fria e esperar secar.
- **Amarelado no tecido branco de toalhas, guardanapos e cortinas.** Acrescente na água da lavagem 3 colheres (sopa) de bicarbonato de sódio e enxágue bem.
- **Cheiro de alho e cebola.** Para a faca e a colher que usou com esses alimentos, o truque é passar uma cenoura ou uma batata no talher. Se o cheiro é na sua mão, enfie os dedos em um potinho com sal grosso e esfregue as pontas.
- **Cheiro na geladeira.** A regra básica é não deixar alimentos prontos em recipientes destampados. O truque é sempre deixar um pires com um pouco de fermento em pó que absorve odores (e trocá-lo de vez em quando, claro).

Quem cuida, tem!

Eu não estava preparada para aquele confronto. Tinha acabado de sair do banho, totalmente à vontade no meu quarto. Sem lenço, sem documento... literalmente, enrolada na toalha. No caminho entre o banheiro e o corredor, lá estava ela: gigante, marrom e sibilante – uma barata me olhando, intrusa no meu lar! Tá, tá, ela não era sibilante, mas bem que poderia ser pelo tamanho das antenas, balançando e rindo de mim: "E agora, José, só nós duas, vai fazer o quê?"

O que você faria? Mas, pense, antes de responder, em todas as moças que nunca mataram antes uma barata com as próprias mãos. Até o dia em que se veem morando sozinhas em sua própria casa, nenhuma das moças desse mundo precisam matar uma barata: basta gritar e alguém aparece. Uma moça morando sozinha pode tocar a campainha do vizinho. Ou pedir socorro pelo interfone, se morar em prédio. Mas, convenhamos, quando se está enrolada em uma toalha, não é qualquer pedido de socorro que justifique...

A outra alternativa, para casos de pânico como esse é usar a rota de fuga. Por sinal, manter uma rota de fuga ativa é importantíssimo para solteiros que moram sozinhos – por isso mesmo, casas com duas portas independentes são tão valorizadas (confira por que em "Um é pouco, mas é bom..."). Mas, novamente na cena do crime: o detalhe da toalha não permitiria qualquer rota de fuga. Sem falar que, já imaginou, eu saindo correndo para um lado enquanto a barata se esconde no meu quarto para aparecer no meio da noite – argh! O pesadelo só vai ficando pior.

O desfecho, claro, foi a morte (nada kafkaniana) desse inseto que, segundo registros científicos, chegou aqui 350 milhões de anos antes de mim, mas ainda não aprendeu a sobreviver diante da ira de uma mocinha indefesa que vê seu lar-doce-lar ameaçado por ele.

Nem mesmo a Claudia, que é militante verde e tem um minhocário na varanda sai em defesa das baratas! Portanto, se ela liberou, tá liberado: dedetização. Substituição dos ralos convencionais pelos modelos de fecho plano (com mecanismo para abrir e fechar) e, um truque caseiro infalível, desde que você não tenha animais domésticos e bebês engatinhando pela sala: bórax em pó ou bicarbonato de sódio com açúcar nos cantos onde elas costumam aparecer.

Dicas

Cronograma dos pequenos reparos

Na linha dos ditados sábios, gosto de um que meu pai dizia: "A hora de consertar o telhado é quando o sol está brilhando." A frase é de John. F. Kennedy, mas no contexto que meu pai empregava era perfeito: consertar antes de quebrar. Pode parecer exagero e coisa de gente precavida demais. Mas graças a esse conselho, nunca um ralo dos meus banheiros entupiu. Trata-se de uma variação doméstica ao "prevenir é melhor do que remediar", outro ditado tão popular que nem tem autoria. Só sabedoria. Estando de acordo que a questão essencial não é o que fazer (tem que ser feito, afinal), e tampouco o quem fazer (ou você consegue imaginar Jackie O. em cima do telhado para consertá-lo?), sobra a dúvida real: quando fazer essa manutenção? Na prática, e experiência de quem entende do assunto, esses são os principais serviços e seus prazos.

- **Dedetização.** Ou desinsetização, descupinização, desratização. A aplicação de produtos químicos para controle de pragas urbanas ganha nomes distintos conforme a substância aplicada e o marketing da empresa especializada. Por sinal, marketing que cada vez mais apela para o bom-senso na hora de escolher os produtos dedetizadores, evitando as substâncias que são tóxicas não só para os insetos, como também para o meio ambiente. Os prazos para aplicação desse tipo de serviço e a garantia também vão depender do processo escolhido (líquido, pó, gás) e da condição do seu imóvel (tempo de uso). Sem falar na sua própria condição de saúde, pois se você tem qualquer tipo de alergia, não pode nem passar perto de um carro de dedetizadora! Na maior parte das vezes, antes de apelar para pesticidas industriais, há certos truques caseiros e receitas à base de produtos naturais que podem ser feitos e testados por você, com garantia de bons resultados. Como lavanda contra traças, cânfora contra pulgas e injeções de querosene contra cupins.

- **Manutenção hidráulica.** Nesse assunto estão incluídos os azulejos, as torneiras, os ralos e as bacias sanitárias. Algumas peças de manutenção são relativamente simples de trocar, como a mola da válvula da descarga ou o vedante da torneira. Mas o melhor (principalmente se você é daqueles que pensa que morsa é o nome de um bicho ou a grafia errada de algum termo antigo) é contatar o serviço especializado de quem sabe que morsa é um tipo de torno para hidráulica, que pode ser um encanador ou a assistência técnica do fabricante das peças instaladas. Com água não se brinca, e o que é uma goteira hoje pode virar rapidinho um tsunami. Um truque eficaz para saber se não há algum vazamento escondido é anotar o número que aparece no hidrômetro da sua casa, em seguida fechar bem todas as torneiras e não utilizar os sanitários por uma hora; então voltar a checar se o número mudou ou não no hidrômetro.

- **Pintura.** Com o uso de tintas laváveis e uma boa manutenção diária, dá para esticar bem o retoque das paredes e portas, mas isso está totalmente ligado ao "uso" da casa. Se você é daqueles que fica fora o dia inteiro, não cozinha e nem tem crianças, pode triplicar o prazo de duração da tinta, que é em média de dois anos. Outra opção é partir para o faça-você-mesmo, com rolos e pincéis. Pintar paredes é um tipo de fetiche de aspirantes a donos de casa, reforçado pelas comédias românticas que vira e mexe mostram mocinhos e mocinhas se divertindo com rolos e pincéis. Se você desconfia do clichê, eu dou meu apoio: antes de pintar, precisa lixar, e forrar o chão, e tirar tomadas e lustres, e depois pintar e limpar tudo.

- **Alvenaria.** Trincas na parede, perto do teto, no chão, ou próximas às tomadas costumam aparecer em duas situações: até cinco anos após a entrega do imóvel novo; após vinte anos da construção. Fora isso, é provável que seu imóvel aparente rachaduras também se, por acaso, um grande edifício comece a ser construído na vizinhança. Para as trincas em construções novas, se em pouca incidência, há solução rápida e indolor, com telas de náilon e poliéster instaladas sobre a rachadura em um ou dois dias de serviço. Para as rachaduras nas construções mais antigas é preciso refazer a parede – uma solução mais penosa, com sujeira e pedreiros dentro do seu lar-doce-lar. A rachadura provocada por terceiros precisa ser sanada com processos e homens da lei.
- **Limpeza pesada.** Esse item agrupa tudo aquilo que você nem cogita fazer e que uma faxineira não dá conta de limpar. Lavagem de cortinas, tapetes, estofados – uma vez a cada semestre; retirada da ferrugem nos metais de banheiro e cozinha – limpeza local à base de ácido muriático, ou troca das peças, com assistência técnica do fabricante; rejuntes – aplicação de produtos tonalizantes ou até a troca do piso ou azulejo; desentupimento – inclui o serviço de manutenção em ralos, caixas d'água e calhas.

Um é pouco, mas é bom...

Luiz Felipe fez 42 anos na semana passada e parece cada dia mais convicto de sua solteirice. Não que abomine relacionamentos, ao contrário. Sua casa está sempre cheia de parentes, amigos, namoradas, ex-namoradas que viraram amigas. O Fepo, como é chamado há anos, não tem a menor vocação para os consultórios terapêuticos também e parece feliz da vida com sua solitude, que é o termo formal que gosta de usar exatamente para não ser confundido com um ermitão que curte a solidão.

Do que ele fala é da paz de ser dono único da sua casa. Tudo lá foi escolhido por ele: cada quadro em cada parede está do jeito que ele quer, nem um centímetro de concessão para a direita. Ele é quem decide quem entra e quem sai, quem pode ficar, se e quando é hora de mudar (tudo de lugar ou apenas o canal da televisão). Um privilégio? Um surto de egoísmo? Ou o exercício humano do próprio ego? Como é sabido, Fepo não é afim com discípulos de Freud e nem este livro objetiva a autoajuda (pelo menos não essa). A história dele só entra aqui para ilustrar uma situação típica e comum aos donos de casa que iniciam sua labuta: é muito bom morar sozinho e ser dono do próprio nariz. Tão bom que às vezes o risco é desacostumar da intimidade. Pior, esquecer que existem outros jeitos para fazer as tarefas domésticas além do seu próprio.

Virar um compulsivo por ter tudo sempre arrumado do seu jeito particular é um comportamento perigosamente antissocial. No espectro mais amplo, um risco para contratar funcionários de limpeza e arrumação, já que será bem complicado colocar o porta-retratos exatamente no mesmo ângulo paralelo à televisão, principalmente depois que a marca de pó ao redor dele foi limpa... Sem falar no plano mais íntimo, quando, por exemplo, por um lapso de autocontrole, um hóspede ocasional entrar em cena – o namorado/namorada. Já pensou se o pobre ser humano, na ânsia de ajudar a tirar a mesa do jantar, empilhar os pratos dentro da pia, ao invés de *sobre* a pia, como você faz? Cena muito semelhante já foi motivo de discórdia na casa da Márcia, outra amiga que fez aniversário de morar sozinha também. O melhor conselho ela ganhou da octogenária d. Letícia, avozinha viúva depois de 40 anos no matrimônio: "Na vida cada um tem um jeito de empilhar os pratos, minha filha, e quem disse que o jeito certo é o seu?"

Dicas

Dicas de convivência doméstica

Mesmo que você se baste, contradizendo John Donne, que na Inglaterra do século XVII já sabia que "nenhum homem é uma ilha", na rotina doméstica vai se confrontar com situações mínimas de convivência. E sendo um dono de casa sociável (como provavelmente está prestes a se tornar, a esta altura da leitura), deve estar mais atento a alguns procedimentos simples que facilitarão a comunicação com o universo de personagens domésticos à sua volta: a empregada, o porteiro do prédio, a vizinha de porta, o hóspede.

- **Porta de entrada.** O ideal é que você tenha duas, a social e a de serviço. Ou ao menos uma porta de entrada e outra limitando a passagem para a área íntima e os quartos. É uma forma de definir espaços de circulação de acordo com os seus horários. Por exemplo, se a funcionária do lar chega cedo e começa na função fazendo barulho, uma estratégia é determinar que entre pela porta de serviço e permaneça naquela parte da casa até a porta de acesso ao corredor dos quartos estar aberta, por você. Outra função vantajosa em se ter duas portas de entrada é permitir sair de fininho, pela porta de serviço, sem ser visto pelo outro alguém com a chave da porta social – situação de emergência explícita.

- **Banheiro.** Uma pessoa totalmente acostumada a morar sozinha também costuma se esquecer, por exemplo, de manter o banheiro em condições essenciais de vistoria. Calcinha pendurada no box; roupa íntima no chão, lixo revelador – intimidade demais à vista. Ou então, a variação desse equívoco: o morador tem o banheiro privativo e se esquece de abastecer o outro. A visita fica lá, "micada", sem papel higiênico, toalha, sabonete.
- **Portaria.** É tênue a diferença entre saber usar o serviço do porteiro do prédio e abusar. A variável dessa questão, para quem mora em casa, é o vigia da rua, normalmente rateado entre outros moradores. Tudo bem que esses funcionários recebam cartas e encomendas para você, mas esperar que eles acompanhem a visita técnica do instalador da TV a cabo é um pouco de folga demais. A não ser que o

prédio tenha um zelador destacado para esse tipo de função, contudo, antes de contar com o serviço desse funcionário, certifique-se com o síndico se isso está de acordo com a norma do prédio, evitando dor de cabeça para todos.

- **Serviços**. Você se diz um adepto da autossuficiência, mas reclama que a empregada acabou com o detergente? Pois saiba que para manter esse padrão de vida é indispensável criar condições de gerenciamento doméstico. Combinar um crédito no mercadinho próximo para a funcionária retirar produtos de limpeza é uma solução, principalmente se você não é adepto de deixá-la administrando dinheiro em espécie.

Um é pouco, dois é melhor

A decisão de ir morar junto aconteceu meio que naturalmente para Jussara e Francisco. Cada um tinha a sua casa e seu modo de dobrar as meias, de maneira que foi preciso redimensionar o uso das gavetas. Isso poderia ser um problema e tanto em outro momento da vida dela: executiva de dia e atleta de noite, Jussara tinha meia pra cada ocasião diferente, combinando com o tailleur Chanel e o modelo ultra-absorvente para usar com tênis de corrida. Mas agora Jussara andava tão feliz da vida ao lado de Francisco, que só usava sandália aberta e pintava a unha do pé de vermelho. Por isso ela liberou no armário a sua antiga gaveta de meias.

A mudança na minha amiga não aconteceu da noite para o dia, mas Francisco foi paciente e estrategista: no começo se contentou com apenas uma gaveta no armário dela. E só levou as suas meias. Jussara queria muito Francisco, mas não aprovava um namorado andando pela sua sala só de meias. Decidiu separar para ele toda a parte esquerda do armário, incluindo três gavetas, um cabideiro e um maleiro. Francisco aceitou porque nem era louco de recusar uma ideia que Jussara tivesse tido assim, de modo tão espontâneo (!). Mês que vem eles vão mudar para um apê maior e Francisco já planejou nos armários as gavetas para a coleção de sandálias abertas de Jussara, que não para de aumentar.

Dicas

Comunhão de bens

Antes de juntar os trapinhos, literalmente, dentro do mesmo armário, pense na letra de "Eu te amo", de Chico Buarque, a trilha sonora da separação: "... na desordem do armário embutido/meu paletó enlaça o teu vestido/e meu sapato ainda pisa no teu". Por mais falta de romantismo que pareça nessa hora, fazer o inventário dos objetos do casal é uma coisa muito importante. Inclusive para o bem-estar da relação. Morar junto é compartilhar sentimentos, hábitos e neuroses – e quem acha diferente é porque nunca dormiu junto na mesma cama por mais de seis meses consecutivos. Organizar os objetos de cada um é também uma forma de otimizar a arrumação: duas coletâneas dos Beatles são desnecessárias, não é mesmo? Fica a dele e o seu conjunto de taças de vinho que está completo...

- **Tratos.** Acordo nupcial é isso: cada um chegou na relação com o que tinha e o que vem depois disso é dos dois. Não tem modernidade ou relacionamento aberto que possa mudar essa regra essencial de convivência íntima. Se essa história der separação lá na frente, a regra da partilha é inversamente proporcional: cada um leva embora o que trouxe e o que era do casal, diz a etiqueta do bom-senso emocional, não vai para ninguém. Melhor deixar para lá, doar ou vender e dividir o valor. Cavalheirismos e pensões à parte, que ninguém tem nada a ver com isso.
- **Disposição nos armários.** A otimização do espaço deve ter a ver com a quantidade e uso das roupas. Se ela tem uma coleção de bolsas e ele de camisetas de futebol, mais suportes de cabides para ele, os nichos todos para ela. Se a divisão do mesmo armário for imprescindível, entretanto, avisa-se: a manutenção da paz doméstica depende de os dois serem organizados ou desorganizados em igual medida. Caixas de papelão com tampa para acomodar o que fica à vista é uma boa solução também, pois o que os olhos não veem, o coração não sente. E nunca, nunca compartilhar gavetas.
- **Adaptação.** Um lar com dois donos passa por uma transformação radical e óbvia: onde cabia

um, agora serão dois. Para o dono de casa original isso significa ficar um pouco mais apertado no ambiente onde antes havia espaço de sobra. A companhia é o bônus, a divisão é o ônus. Essa transição não é imediata (mesmo que vocês estejam superapaixonados e tenham se preparado para isso) e é preciso ter autocontrole e paciência.

Os seus, os meus, os nossos

Um dia, quando o Felipe tiver lá seus 10 anos, merece ouvir com detalhes a história do seu primeiro banho. Pais de primeira viagem, Kleber e Thais compraram uma banheira com suporte e, tão certos estavam da orientação do vendedor da loja, que não testaram a montagem da peça no box. Empolgação com o bebê, tiraram a roupa dele para o banho e só aí então foram montar a banheira.

– Como trava o suporte?

– Pego a água no chuveiro?

– Ficou quente demais. E agora? Como vou esfriar?

– Socorro, eu não consigo entrar no box com a banheira aí dentro...

Foi tanto tempo esperando que o Felipe não aguentou e fez xixi nos dois. A família acabou tomando banho junto, em pé no box, sem banheira de bebê mesmo e ao som do choro sentido do pequeno.

De todas as mudanças que ocorrem em uma casa ao longo do tempo, a chegada dos filhos é, com certeza, a maior delas. Subitamente você percebe que os móveis têm quinas, que as tomadas não estão em locais seguros, que o sofá é muito baixo e que dedos se prendem nas portas. Plantas e objetos de plástico, de repente, tornam-se tão mais "bonitos" aos seus olhos, unicamente porque não podem ser indevidamente comidos nem quebrados.

Até que um dia você se acostuma a ter travas de segurança em todas as gavetas, e no forno, e nas bacias sanitárias. E rede nas janelas. E protetores de borracha nas laterais dos móveis. E já quase nem se lembra mais dos cristais que guardou na prateleira mais alta do closet, porque os porta-retratos com as fotos dos filhos já tomaram definitivamente o lugar deles.

Dicas

Para a chegada do bebê

O herdeiro precisará de uma infraestrutura de cama, mesa e banho na sua casa (que agora é também dele, para não dizer SÓ dele). Itens para o enxoval do bebê é que não faltam e, conforme seu bolso e o espaço disponível, ocuparão seu orçamento por mais três anos, no mínimo. A chegada do filho empolga não apenas os pais, como os parentes e amigos, portanto, acostume-se a ter brinquedos e roupinhas espalhados pela sala. Além disso, os espaços dentro de casa também vão mudar: além do quarto do bebê, ele precisará de um lugar para tomar banho apropriado, outro para brincar e outro também para comer. Sem falar que é preciso abrir espaço entre os móveis para que o carrinho do bebê possa circular livremente pelos cômodos. A seguir, a lista do que há de mais essencial em móveis e acessórios para a chegada do bebê.

- Babá eletrônica
- Banheira
- Berço e colchão
- Bolsa de passeio com trocador
- Cadeirinha de carro
- Carrinho de passeio
- Chupeta
- Cômoda com trocador
- Esterilizador de mamadeira
- Mamadeira
- Poltrona para amamentar
- Protetor almofadado de berço
- Protetor de borracha ou silicone para quinas de móveis
- Travas de segurança para fogão e geladeira
- Travas de segurança para portas e gavetas

Uma casa que só falta falar

O primeiro micro-ondas da história tinha 1,70m e pesava 340kg. A empresa que patenteou a criação, em 1947, vendeu a ideia de que nada de mais moderno poderia haver na face da Terra do que aquecer alimentos por meio da agitação de moléculas. O *must* era fazer pipoca lá dentro – função que continua até hoje, embora o micro-ondas tenha diminuído consideravelmente. De tão pequeno, tem modelo que nem comporta o saco de pipoca grande quando estourado! A Patrícia é que observou o "defeito" e, por isso mesmo, quando precisou comprar outro aparelho, levou o saco de pipoca cheio na bolsa e fez o *test drive* na loja, até achar o modelo do tamanho certo.

Com a facilidade do comércio on-line, parece um contrassenso ir até a loja comprar eletrodomésticos.

Mas não é. Os fabricantes dificilmente disponibilizam nos sites o manual com a especificação técnica do aparelho tão detalhada como pode ser necessário. O *mini-system* tem porta USB, mas grava digital? A TV tem 42 polegadas, mas qual é o tamanho exato do suporte para caber no móvel do *home* que já existe na sua sala? E a prateleira para bebidas da geladeira *touch-screen* é vazada ou suspensa?

Isso só para falar das características mais básicas dos eletrodomésticos, claro. A tecnologia nesse setor é tanta que a previsão para muito rápido é que seja aqui e agora o mundo dos Jetsons (o adorável desenho animado da década de 1960, quando a automação residencial era assim, um sonho futuro). Os *home appliances* (o nome marqueteiro para os aparelhos de última geração) são acionados por um toque de celular, consomem menos energia, por exemplo, com controle remoto abastecido por energia solar (o que convenhamos, não será muito prático em qualquer lugar do mundo) e são produzidos em material sustentável. *Greenwashing* à parte, a eficiência desses eletrodomésticos só vai ser testada com o tempo. E na prática. E isso, infelizmente, o prático e cômodo comércio on-line não resolve.

Dicas

Regras essenciais dos eletrodomésticos

A sabedoria popular diz que aos sete anos todo casamento passa por uma crise. Crendice ou não, confira à sua volta quantos amigos passaram por isso e se surpreenda com o percentual afirmativo. Como teoria popular é assunto para ser jogado ao vento, aí vai a minha: a crise dos sete anos é causada pela quebra em série dos eletrodomésticos. Esse é o tempo de vida útil de boa parte dessas geringonças eletrônicas que conceitualmente estão aí para facilitar a vida doméstica, no trabalho e no lazer. A pane dos eletrodomésticos está diretamente ligada ao rombo no orçamento para sua reposição e reparo, causa derradeira da crise no matrimônio. Se sobreviver a ela, invista o que não gastou em uma segunda lua de mel, por via das dúvidas.

- O modelo mais novo no mercado nem sempre é o melhor. A cada invenção tecnológica o preço do eletrodoméstico aumenta, pelo menos em consideração ao modelo anterior. Essa é a regra da televisão, da geladeira, do aparelho de som, da lavadora de roupa e de louça e do fogão. Nem todas as invenções funcionam e nem todas as invenções que funcionam justificam o preço. Em outras palavras, resista à tentação de comprar o modelo de última geração só por modismo e confie naquele que tem as funções básicas: uma geladeira com televisão na porta é só mais um chip para dar pau...

- Nem tudo que está à venda é essencial. Sua sala comporta todas as caixas de som do *home theater*, e, antes, sua televisão precisa mesmo de um *home theater*? É fácil se empolgar com toda a parafernália tecnológica, difícil é fazer tudo caber na sua casa depois. A cozinha, por exemplo, precisa do forno e do micro-ondas? Se você não assa nada, o fogão tradicional pode ser dispensável até, substituído por um *cooktop* e um pequeno forno elétrico, por exemplo.
- Muita moda para pouca troca. Existem vítimas da moda também no setor dos eletrodomésticos, quem diria. Linha branca (o nome comercial para os aparelhos de grande porte, como geladeira, fogão e lava-roupa) já foi colorida, inox, estampada e branca. Embora

seja grande a tentação de trazer cor para a vida, vale à pena pensar direito nessa ousadia: fogão a gente não troca como sapato, é caro e dificílimo de descartar.

- Preços variáveis. Faça a cotação dos produtos que precisa em pelo menos três grandes lojas, tanto as físicas quanto as virtuais. Os preços podem variar muito conforme as promoções que os varejistas fazem de acordo com a disponibilidade em estoque. Algumas vezes o preço na internet é muito mais barato porque a mercadoria está em algum ponto afastado da sede e o prazo de entrega não é imediato. Ou então, a promoção não inclui o frete. Em outras situações, o preço é melhor na loja para pronta-entrega, ou seja, o vendedor precisa se livrar da mercadoria porque tem outra chegando, e aí, se você ainda não tem a chave do imóvel, precisa calcular o preço do depósito na transação. Os vendedores têm essa margem de negociação, por isso não se intimide em pechinchar.
- Invista na garantia. Há algum mecanismo oculto que faz com que 8 em 10 produtos apresentem defeito meses após a garantia expirar. O técnico vai argumentar que é um desgaste natural da peça etc. Mas, então, não era mais justo fazer manutenção preventiva?

A melhor saída para o consumidor (fora "reza brava" e promessa para santa-luzinha-padroeira-do-eletrodoméstico) é usar o prazo de garantia a seu favor. As lojas costumam acrescentar a garantia estendida no preço do produto e, se for vinculada ao fabricante, vale a pena. Outra dica é chamar a assistência para um *check-up* do aparelho, três meses antes de a garantia vencer.

Casa do bem

Em 2010, os Strauss conseguiram uma proeza *oscarizável*: produziram apenas um saco pequeno de lixo durante os 365 dias de suas vidas domésticas. Note: os Strauss são uma família britânica composta por um casal jovem, Richard e Rachelle, e sua filha em idade escolar, Verona. Eles têm uma horta, fazem compostagem residencial (produzem adubo a partir do próprio lixo orgânico que produzem), nunca usam embalagens plásticas para carregar as compras e investiram em painéis solares para produção de energia (e olha que moram na Inglaterra!). As dicas mais valiosas dessa missão familiar estão no site www.myzerowaste.com, incluindo desde formas inteligentes para reduzir o consumo até usos descolados para coisas bacanas que vão para o lixo, como as rolhas de vinhos que viram um descanso para talheres que vai fazer bonito na sua mesa.

O assunto não me sai da cabeça exatamente porque como dona da minha casa eu também sou a dona do meu lixo. E isso é um detalhe bem incômodo, talvez empatado como principal em primeiro, ao lado da faxina, na "LISTA LADO B" (aquela que também precisa ser contada, a respeito de coisas nem tão legais em ter a sua própria casa). No final, é tudo farinha do mesmo saco, já que catalogamos como lixo tudo o que é descartado, incomoda, está sobrando, quebrado ou fora de uso... Mas é como diz a minha amiga Claudia, cada dia mais sustentável e bem informada sobre o assunto: não dá para ter a ilusão de que o lixo desaparece magicamente quando o caminhão de coleta vira a esquina.

A verdade é que além de apagar a luz ao sair de um cômodo, reciclar os plásticos e vidros e usar baterias recarregáveis, é preciso mais. É como diz o jargão dos ambientalistas: pense globalmente, aja localmente. Assim como as empresas devem se responsabilizar até as últimas consequências pelos resíduos que geram com sua produção, a gente precisa repetir o mantra na nossa própria morada: reduzir, reaproveitar e reciclar. Exatamente nessa ordem, porque a reciclagem no Brasil, sabe-se, engatinha e anda para trás, por isso mesmo é a última dessa lista de ações sustentáveis.

Reduzir o consumo em uma casa cheirando a novo não é muito simples, claro. Afinal, falta tudo ainda para montá-la e deixá-la com cara de um lar. Mas é possível, ao menos, fazer substituições ecológicas que, no final, minimizam o consumo. Minha amiga informante para esses assuntos dá a dica da bucha vegetal, por exemplo. Substitui a versão industrializada sem danos à natureza, e se decompõe, pois é orgânica, diferentemente da sua prima plástica que demora 400 anos rodando por aí como detrito, poluindo os mares. Não é fácil seguir esse conselho: ela é mais dura, não se molda tão bem à mão na hora de lavar os pratos e nem faz aquela espuma de comercial que, a gente sabe, não limpa nada, mas dá um efeito psicológico e tanto contra a gordura dos pratos. Mas é um investimento em nome da sobrevivência no planeta das gerações descendentes, a quem pretendo ensinar minha receita de musse de chocolate... então, vale.

Reutilizar é mais simples, ainda mais para quem tem habilidades artísticas. Mesmo quem não é nenhum Da Vinci, como é o meu caso, pode praticar o verbo reutilizar com algum charme: vidros de palmito e azeitona ganham uma tampa colorida com tecidos colados e comportam biscoitos, açúcar, grãos, enfim, alimentos que vêm ensacados em plástico e que perecem mais rápido se forem mantidos nessa embalagem depois de abertos. Reutilizar sem charme é usar potes de sorvete como *tupperware*. Mas na intimidade do seu armário da cozinha, tá valendo também.

Reciclar é assunto de domínio público. Mas às vezes a gente ainda comete uns enganos, mesmo sem perceber. A minha amiga que é sábia nesses assuntos, e um pouco patrulheira também, me deu uma bronca e tanto outro dia: usar aquelas sacolinhas do supermercado como saco de lixo. Eu, achando que tava bem na fita... A questão básica é que ao acomodar o lixo orgânico ali, no plástico, eu estou dificultando a ação da natureza. Toda razão... Sacos de papel já foram providenciados e minha casinha agora passa no teste de sustentabilidade mais importante, o da minha consciência.

Dicas

Um luxo de lixo

Mesmo que o prédio onde você mora não faça coleta seletiva nem o caminhão de lixo apropriado para isso passe na sua rua, sua casa pode ser mais ecológica se você separar o lixo de maneira adequada, em dois tipos de saco: um com material reciclável, e o restante, incluindo o lixo orgânico em saco biodegradável. Confira a lista dos itens especificados de acordo com o Programa de Gestão Ambiental do Ministério Público, no Plano de Gerenciamento de Resíduos de Serviço de Saúde. E, mais importante, oriente a ajudante do lar sobre a correta separação do lixo e a higienização do material reciclável.

O que recicla

- Papel: folhas de sulfite, papelão, caixas, jornais, revistas, livros, cadernos, embalagem longa-vida, livros.
- Plástico: sacos, CD, embalagens de produtos de limpeza, garrafa PET, canos e tubos, caneta esferográfica (sem a carga).
- Vidro: garrafas de bebida, potes de alimentos, copos e frascos em geral (mesmo quebrados).
- Metal: latas de cerveja, suco, refrigerante, óleo, leite em pó, conservas, tampas de garrafa, embalagens de congelados, folha de flandres.
- Outros: pilhas, bateria de celular, isopor e lâmpadas fluorescentes são itens possíveis de reciclagem, mas que não podem ser descartados no lixo doméstico. Há postos de coleta específicos para isso, que podem ser consultados com uma rápida pesquisa na internet.

O que não recicla

- Papel: carbono, papel de fax (incluindo os extratos de banco), papel plastificado, papel higiênico, guardanapo, lenço de papel e papel toalha – todos quando usados –, etiqueta adesiva, fotografia.
- Plástico: a carcaça de computadores, telefones e eletrodomésticos em geral, embalagens metalizadas (como as de salgadinho), isopor.

- Vidro: espelhos, cristais, janelas, vidros de automóvel, ampolas de medicamentos, porcelana e cerâmica, lâmpadas (somente em postos credenciados para descontaminação).
- Metal: clipes, grampos, esponja de aço, canos e percevejos. Pregos e arames podem ser reaproveitados por oficinas de ferro-velho.

Como morar sozinho e não engordar (muito)

Outra coisa que ninguém curte muito falar, mas que faz parte das verdades em ser dona(o) de casa, é como a sua alimentação piora nessa fase. Empolgação e preguiça são as duas razões, irmãs gêmeas contra a dieta de qualquer um. Um novo morador sozinho é uma figura fácil de identificar no supermercado: ele compra pouca quantidade de tudo que é *in natura* e faz estoque de gulodices, petiscos prontos e bebidas.

A grande armadilha é exatamente esta: ter alimentos industrializados ao alcance da mão. Chegar em casa com fome é para todos; atacar o saco de batatinha é para os fracos, dizia Marília. Ex-obesa, ela jurou sobre o Juramento de Hipócrates, quando se formou nutróloga, que só passaria pela prateleira de salgadinhos no supermercado quando estivesse com o carrinho lotado de legumes e frutas. A estratégia dá certo e Marília é o melhor cartão de visitas do seu consultório. Se esse é o segredo para se manter magra como ela, vamos às compras, então.

Ao lado da dificuldade para emagrecer a lista de compras do supermercado, está a de cozinhar para apenas uma pessoa. Mas o solitário na cozinha só precisa seguir uma regra para não engordar: comida *delivery* somente uma vez na semana. Ou seja, tem que encarar a cozinha, sim. Faz parte da vida doméstica e pode ser uma curtição. Para começar, nunca cozinhe em silêncio: a *play list* é a alma da culinária. Sério! Nunca ouviu alguém dizendo que um risoto al dente no fim de um dia estressante é "música para os ouvidos"? Ah, então é porque você anda comendo muita *fast-food*. Pressa, por sinal, é inimiga do cozinheiro solitário. Você não degusta, devora... e aí tá com fome rapidinho, rodando na cama insone e pensando no saco de batatinhas, de novo.

O passo a passo para fazer da sua cozinha a mais saudável é esse: uma receita simples, televisão desligada (porque hipnotizado na frente dela, come-se mal e mais), e uma boa mesa posta, porque comer com os olhos enche a alma e a barriga também. Só por garantia, evite viver apenas à base de carboidratos e gordura: macarrão com manteiga é cinco minutos pra fazer e cinco meses para "queimar" na esteira depois.

Dicas

A primeira compra de supermercado

Abastecer a despensa pela primeira vez é como um rito de passagem pro aspirante a dono de casa. Fora a sensação de independência em fazer suas próprias escolhas e pagar por elas, tem a coisa prática de descobrir esse mundo de novidades alimentares chamado supermercado. Claro que tem o lado chato também, que é ficar na fila, colocar e tirar as compras no carrinho várias vezes e depois guardar tudo na despensa (mas, ao menos, queima umas calorias). Se você é daqueles que se arrepiam com a ideia de pilotar um carrinho de supermercado, aposte na loja on-line. Vai pagar mais caro e terá menos opção de produtos, pois nem todas as marcas estão disponíveis para esse segmento. Mas o lucro pessoal é grande. Para os que aceitam encarar a missão, nem que seja um desafio, algumas dicas ajudam a torná-la mais prazerosa, ou, se preferirem, menos chata.

- **Não vá às compras com fome.** Essa questão é básica por dois motivos: primeiro porque fome é um elemento estressante e sob seu efeito a gente faz muita bobagem, sempre; depois porque estando em um local cheio de comida, sua fome vai aumentar e o volume de compras idem. De repente vai perceber que comprou três tipos de frios e pães, sendo que, mal e mal, vai comer um misto-quente por vez.
- **Procure um supermercado que já conheça bem.** Em algumas lojas, a única regra para a disposição dos produtos nas prateleiras parece ser o bom gosto do dono do estabelecimento. E se não há padrão, a chance de você "pular" alguma gôndola ou simplesmente não visualizar algum produto é maior quando a compra for grande.
- **Leve uma lista com você.** Mesmo que saiba de cor e salteado o que precisa, com o carrinho lotado às vezes é difícil visualizar o que já comprou. As quantidades exatas do que precisa também devem ser marcadas nessa lista, principalmente quando você tem alguma receita em mente para preparar com os ingredientes dessa compra.
- **Leve um amigo dono de casa com você.** Fermento em pó é melhor do que o biológico? Creme de leite em lata é igual ao de caixinha?

O sabão em pó e o amaciante precisam ser da mesma marca? Um amigo que já passou por isso é a companhia certa para repassar essas e outras dicas. Mas um amigo com paciência, claro.

- **Selecione as datas de validade dos produtos.** Se pretende que essa primeira compra abasteça seu lar pelo tempo suficiente até que volte sua coragem de fazer compras novamente, então preste muita atenção à data de validade dos produtos. Nas prateleiras do supermercado, os produtos com data de validade mais avançada são os mais difíceis de pegar: no fundo, atrás, ou por baixo da pilha. Confira.
- **Organize as compras no carrinho.** Otimização do seu trabalho na hora de passar os produtos no caixa. Alimentos e produtos de limpeza em dois blocos separados, por razões óbvias. Pesados por último no pacote, para acondicionar por baixo no porta-malas do carro depois. Gelados à parte, para guardar primeiro. Coisas que quebram e produtos *in natura* separados em sacolas próprias para não estragar no transporte.

Essa lista ainda vai ser sua

Essa técnica eu aprendi com a Lu. Pode parecer que ninguém lê listas e que perder tempo escrevendo é besteira. Mas conheço gente que tem lista para tudo. Muita gente, por sinal. Lista para feira e supermercado. Para afazeres domésticos. Do dia a dia da ajudante. Inventário do que se tem na cozinha. Do que falta na cozinha. Do que é preciso fazer naquela semana. Exagero? Antes de julgar, pense duas vezes. Em primeiro lugar, a vantagem da lista é que o que vai para o papel – ou para o computador – finalmente sai daquele espaço tão importante do cérebro. Em segundo, fica mais fácil fazer o controle. Tal coisa foi feita? Tal coisa foi comprada? Quanto preciso comprar daquilo?

Contudo, nem todo mundo gosta de listas. Elas são um pouco deprimentes, principalmente quando a checagem dos itens mostra que a produção está muito abaixo do desejado. É como o orçamento doméstico que aparece na tela do computador sempre com mais linhas em vermelho, de débito (e de vergonha também, quem manda ser tão consumista no cartão de crédito!).

Mas uma vez aprendendo a usá-las, garanto, você nunca mais vai abrir mão desse recurso.

Dicas

Check list

Para montar a sua própria lista de atividades domésticas, comece pelo inventário das tarefas que existem na sua casa. E também dos dias à disposição na sua semana para cuidar da execução de tudo isso. É a rotina do seu lar que vai determinar o fluxo de atividades e o seu nível de cobrança para a realização delas. Se você tem um quintal cheio de plantas ou uma grande varanda fechada com vidros, a funcionária vai gastar muito tempo com esses itens e, portanto, é preciso dimensionar as outras tarefas do dia de acordo com essa necessidade. A lista de tarefas pode ser fixada em um lugar bem visível para a funcionária acessar e, de preferência com um espaço em branco para ela indicar os produtos de limpeza e alimentos em falta na despensa. Assim como a lista de tarefas, todas as demais podem ser montadas no computador e adicionadas a um programa de agenda que avise, por exemplo, a tarefa do dia seguinte. Assim, se você precisar de algum item especial para sua execução, tem tempo de providenciar, no caminho de volta para casa.

Banheiro

Tarefas	SEG	TER	QUA	QUI	SEX
Lavar a louça sanitária					
Lavar a lixeira					
Limpar armários e prateleiras					
Limpar os espelhos					
Lavar os azulejos					
Lavar os boxes					

Quarto

Tarefas	SEG	TER	QUA	QUI	SEX
Varrer o chão					
Trocar a roupa de cama					
Limpar armários e prateleiras					
Limpar as janelas					
Tirar o pó dos móveis					

Sala

Tarefas	SEG	TER	QUA	QUI	SEX
Varrer o chão					
Encerar o piso					
Tirar o pó dos móveis					
Aspirar sofá e tapetes					
Limpar as janelas					

Cozinha

Tarefas	SEG	TER	QUA	QUI	SEX
Lavar a louça					
Arear pia e torneiras					
Limpar armários e prateleiras					
Limpar o forno					
Limpar a geladeira					
Lavar os azulejos					
Limpar as janelas e esquadrias					

Área de serviço

Tarefas	SEG	TER	QUA	QUI	SEX
Lavar a roupa					
Passar a roupa					
Lavar a roupa de cama e toalhas					
Passar a roupa de cama e toalhas					
Lavar os azulejos					
Lavar o chão					
Limpar as janelas e esquadrias					

Assim como comer chocolate e ir ao estádio ver seu time ganhar, cuidar da casa, como tudo que é bom, também enjoa. Há momentos de pura preguiça, quando você olha para a pilha de roupas no chão e pensa, "filosoficamente", como até o caos tem sua ordem. Momento Macunaíma... Na maior parte das vezes, o antídoto para isso é um mimo para casa ou uma comemoração doméstica para dar ânimo novo ao lar doce lar.

Como já dito antes, a casa é uma extensão da gente. Tem dias de *bad hair* e momentos em que nada cai bem. A diarista que deu o cano, o dinheiro que não dá para as contas da casa, o técnico da TV que não vem no horário, o guarda-roupa que é pequeno demais ou a cama de casal que, de repente, ficou grande demais... Nesses momentos, nada como ter um casulo para ficar, escolher o cobertor mais propício e se afundar no sofá para chorar as mágoas; ou se você preferir a versão *trash*, sair, beber todas e cair desmaiado no tapete da sala.

Mas o bacana é que quando a gente tem uma casa, não se está à deriva, nem na pior das tempestades. A casa é sua referência. Seu lugar no mundo para onde voltar.

Bibliografia

BRAGA, Ana Maria. *Dicas de quase tudo*. São Paulo: Agir, 2011.

BRASIL ESCOLA – Disponível em: <http://www.brasilescola.com/fisica>. Acesso em: 7 abr. 2011.

CAMPOS, Chris. *Almanaque das Festas Instantâneas*. São Paulo: Memória Visual, 2009.

CASA CLAUDIA CASAS SUSTENTÁVEIS. São Paulo: Abril, 2010, edição especial.

CASA CLAUDIA PRIMEIRA CASA. Edição 529. São Paulo: Abril, janeiro 2005, semestral.

DANTAS Júnior, Aldemiro Rezende. *O direito de vizinhança*. Rio de Janeiro: Forense, 1998.

DINIZ, Maria Helena. *Código civil anotado*. São Paulo: Saraiva, 1995.

GARCIA, Fabio Gallo; EID, William Júnior. *Como fazer o orçamento familiar*. São Paulo: Publifolha, 2005.

GILI, Gustavo. *Casas pequenas, modernas, urbanas*. Barcelona: Loft Publications, 2008.

GUIA DE DECORAÇÃO: RECEBER. São Paulo: Abril, 2010, edição especial.

LISPECTOR, Clarice. *Correio Feminino*. Rio de Janeiro: Rocco, 2006.

PADILLA, Ivan. "Formas democráticas". *Época São Paulo*. São Paulo: Globo, n. 16, agosto 2009, p. 60- 76.

PAGANO, Mariângela. "Quando a mudança bate à sua porta". *Bons Fluidos*. São Paulo: Abril, n. 135, maio 2010, p. 42.

PROGRAMA DE GESTÃO AMBIENTAL – Disponível em: <http://pga.pgr.mpf.gov.br/praticas-sustentaveis/o-que-reciclar>. Acesso em: 8 abr. 2011.

REVISTA ÉPOCA SÃO PAULO. *Morar em São Paulo*. São Paulo: Globo, abril 2009, n. 12, edição especial.

REVISTA MORAR. *A moda de customizar invadiu apartamentos de padrão médio*. São Paulo: Publifolha, abril 2008, edição especial.

REVISTA VEJA. *Guia Veja*. São Paulo: Abril, 6 abril 2011, ed. 2211, ano 44, p. 118.

SALLES, Nenzinha Machado. *Sebastiana quebra-galho*. Rio de Janeiro: Record, 2010.

WALDMAN, Maurício e SCHNEIDER, Dan. *Guia ecológico doméstico*. São Paulo: Editora Contexto, 2000.

A autora

ADRIANA TEIXEIRA é uma paulistana, nascida em 4 de julho. Ganhou do pai o nome e um berço improvisado em malas italianas da década de 1970 – daí, vai ver, o gosto pelas mudanças. Formou-se em Jornalismo na ECA-USP e trabalhou por dez anos na redação de várias revistas femininas, como *Capricho* e *Boa Forma*. Voltou para a sala de aula, como professora das turmas de Jornalismo e Relações Públicas na Faculdade Integrada Alcântara Machado (Fiam/Faam), de 2004 a 2007. Criou uma empresa de comunicação especializada em revistas empresariais e publicações editoriais. Colaborou com livros que tratam de temas que vão desde futebol e economia à culinária e bebês e é autora de dois guias de serviço sobre a cidade de São Paulo, além do livro *Família*, da coleção *Guia Capricho*. Tem prática em mudanças também na vida pessoal: já morou em três casas e nove apartamentos diferentes. O marido e os dois filhos esperam que o atual endereço permaneça por bastante tempo. Por garantia, as malas italianas estão por perto.

GRÁFICA PAYM
Tel. (011) 4392-3344
paym@terra.com.br